新零售时代电商实战

电商 多平台 客服 实战

淘宝、京东、拼多多

崔恒华 孙效宸 编著

电子工业出版社
Publishing House of Electronics Industry
北京·BEIJING

内 容 简 介

本书介绍的客户服务方法与技巧都是经过皇冠级网店实战运用并被证明行之有效的，这对急需提升管理能力但又异常忙碌的商家及客服来说，每天只需花费很少的时间，就能轻松掌握销售秘诀，给店铺的业绩带来翻天覆地的变化。本书对客服工作流程进行了分解，对客服工作的每个环节、客服应该具备的技能和知识进行了梳理，并添加了客服在接待客户时应用的一些技巧及后期客户的维护管理方法。通过对本书的学习，客服可以快速、有效地提升个人工作技能，最终提高店铺销售额。

本书基于多位网店大卖家多年来开店的经验，针对淘宝（包含天猫）、拼多多、京东三大平台的客服工作进行了全面、系统的讲解。本书共 9 章，主要介绍了客服岗前准备、与客户沟通和解答问题、客服售前打消客户的疑虑、说服客户达成交易、淘宝客服销售技能、淘宝售后的交易纠纷处理、客户关系管理、京东客服实操、拼多多客服实操。

本书既适合想在网上开店创业的初学者，包括在校大学生、寻求兼职的人员、自由职业者、小企业管理者、企业白领等阅读；也适合已经开了网店，想进一步提高各方面技能，获得更大的市场和更多的利润，把网店生意做大、做强的商家阅读；还适合网店发展进入瓶颈阶段，正在谋求转型的朋友参考；同时适合各个院校和培训机构相关专业的教材。

未经许可，不得以任何方式复制或抄袭本书之部分或全部内容。
版权所有，侵权必究。

图书在版编目（CIP）数据

电商多平台客服实战：淘宝、京东、拼多多 / 崔恒华等编著. —北京：电子工业出版社，2021.7
（新零售时代电商实战）
ISBN 978-7-121-41124-3

Ⅰ. ①电… Ⅱ. ①崔… Ⅲ. ①电子商务－商业服务 Ⅳ. ①F713.36

中国版本图书馆 CIP 数据核字（2021）第 081734 号

责任编辑：林瑞和　　　　　　　　特约编辑：田学清
印　　刷：北京天宇星印刷厂
装　　订：北京天宇星印刷厂
出版发行：电子工业出版社
　　　　　北京市海淀区万寿路 173 信箱　　邮编：100036
开　　本：787×980　1/16　印张：13.25　字数：256.6 千字
版　　次：2021 年 7 月第 1 版
印　　次：2025 年 3 月第 7 次印刷
定　　价：59.00 元

凡所购买电子工业出版社图书有缺损问题，请向购买书店调换。若书店售缺，请与本社发行部联系，联系及邮购电话：（010）88254888，88258888。
质量投诉请发邮件至 zlts@phei.com.cn，盗版侵权举报请发邮件至 dbqq@phei.com.cn。
本书咨询联系方式：010-51260888-819，faq@phei.com.cn。

前　言

如果问当下什么行业发展最快，那就非电商行业莫属了。很多传统企业为了提高销售业绩，都会选择这一渠道；消费者也可以通过电商行业享受到方便、快捷的购物体验。网民数量的持续增长、网民购买力的提升、消费者网上消费习惯的养成，都为网络购物奠定了良好的用户基础。个人交易额的快速增长说明网络购物在我国已经得到普及。面对如此诱人的市场，不少人决定在网上开店。

随着网店规模的扩大，商家一个人已经无法应付每天的交易，他们开始四处寻找网上客服。于是，一个新的职业——网店客服诞生了。目前，分工专业化经营的网店一般都会聘请几位客服，更有规模大的网店客服队伍已经接近百人。网店客服在一定程度上决定着网店运营的好坏，并进一步影响到网店的存亡。一些网店商家没有意识到网店客服的重要性，随随便便找一个人从事网店客服工作，结果客服工作不尽职，使得网店的生意越来越差，最终面临倒闭的风险。

本书内容

现在网络上与网店客服有关的图书有很多，但大多数只提及了网店运营的一部分，缺乏系统性，因此，读者很难从中获取到真正的实战价值，也无法运用到实操过程中。另外很多与网店客服有关的图书只讲述了淘宝平台，本书还讲述了拼多多和京东平台。本书的主要内容包括：客服岗前准备、与客户沟通和解答问题、客服售前打消客户的疑虑、说服客户达成交易、淘宝客服销售技能、淘宝售后的交易纠纷处理、客户关系管理、京东客服实操、拼多多客服实操。

电商多平台客服实战
淘宝、京东、拼多多

本书特色

1．多平台

本书中汇集了淘宝（包含天猫）、京东、拼多多三大网店平台的客服实操内容，读者可选择适合自己的平台选读相关内容。

2．编写团队强大

本书编者中既有经验丰富的网店创业者，也有高等学校电商相关专业的专家，既保证了图书内容的切实指导性和可操作性，也保证了图书内容的逻辑性和条理性。

3．实战性强

本书从掌握客户心理、进行商品介绍、消除买家顾虑、应对讨价还价、刺激成交、赠送礼品、争取 100% 好评、处理中差评、处理退换货、处理投诉等方面展开讲述。网店客服可以有针对性地进行学习，有效提高自己的工作能力，从而创造出色的业绩。

4．结构清晰，系统性强

本书针对客服工作的重点内容展开讲述，力图将没有工作经验的新手客服培养成金牌客服。本书内容结构清晰，涉及客服工作的每个环节，是大中专院校电商相关专业、网店创业人员、客服及兼职人员的必备实操工具书。

5．经验的精华总结

本书收录的内容都是作者在网店经营过程中经验的精华总结，涵盖了网店客服在服务过程中遇到的许多细节问题。

6．心理分析

本书还从心理方面来帮助客服分析了解客户的心理动态，有助于提高店铺业绩。

7．案例丰富，生动有趣

本书没有采用死板教条式的知识讲解方法，而是通过丰富、具体的案例来证明观点，让读者更容易接受。本书尽量还原实际客服工作中出现的情景，通过情景对话引出每个环节可能用到的沟通技巧，直接呈现沟通过程，以便快速、有效地提升客服的沟通技能。

适合读者

- 电商相关专业的学生。
- 电商行业创业者、经营者及管理者。
- 网店客服和兼职人员。
- 其他销售类工作者。
- 对网店运营有兴趣的其他人士。

参加本书编写的还有何海霞、孙良军老师。由于作者水平有限，本书难免存在不足之处，欢迎广大读者批评指正。

读者服务

微信扫码回复：41124

- 加入"电商"读者交流群，与更多同道中人互动
- 获取【百场业界大咖直播合集】（永久更新），仅需1元

目录

第1章 客服岗前准备 1

1.1 网店客服岗位概述 2
1.1.1 为什么需要网店客服 2
1.1.2 网店客服的职责 3

1.2 网店客服需具备的知识 4
1.2.1 平台认识 4
1.2.2 平台规则 6
1.2.3 商品专业知识 8
1.2.4 物流知识 10

1.3 客服岗位操作技能 10
1.3.1 电脑版千牛工具 10
1.3.2 手机版千牛工具 18
1.3.3 淘宝助理 21
1.3.4 千牛卖家中心 25
1.3.5 咚咚工作台 28
1.3.6 拼多多商家工作台 30

1.4 习题 31

第2章 与客户沟通和解答问题 33

2.1 沟通中的倾听技巧 34
2.1.1 站在客户的立场上倾听 34

目录

  2.1.2 正确地回应客户 ... 35
  2.1.3 倾听客户的话外之音 ... 36
2.2 客户咨询处理流程 ... 36
  2.2.1 重要信息做好备注 ... 36
  2.2.2 分析回答问题 ... 37
  2.2.3 等待解答 ... 37
  2.2.4 配合处理 ... 38
  2.2.5 客户满意 ... 38
  2.2.6 整理记录 ... 38
2.3 回答客户问题的方法 ... 39
  2.3.1 巧妙地否定 ... 39
  2.3.2 巧妙地肯定 ... 40
  2.3.3 附和式回答 ... 42
2.4 习题 ... 43

第 3 章 客服售前打消客户的疑虑 ... 44

3.1 与客户沟通的原则 ... 45
  3.1.1 换位思考 ... 45
  3.1.2 谦虚有礼 ... 45
  3.1.3 预先考虑客户的需求 ... 46
  3.1.4 为客户着想 ... 48
  3.1.5 尊重客户 ... 49
  3.1.6 理性沟通避免情绪 ... 50
3.2 分析客户的购买心理 ... 50
  3.2.1 理智动机 ... 50
  3.2.2 感情动机 ... 52
3.3 消除客户对售后、包装、物流的疑虑 ... 54
  3.3.1 消除售后疑虑 ... 55
  3.3.2 消除包装疑虑 ... 55

3.3.3 消除物流疑虑 57
3.4 消除客户对商品质量和价格的疑虑 59
  3.4.1 客户担心商品的质量 60
  3.4.2 客户说其他店铺里的商品便宜 61
  3.4.3 购买多件商品要求打折 62
3.5 习题 63

第4章 说服客户达成交易 65

4.1 客户下单的必要条件 66
4.2 说服客户的原则 67
  4.2.1 先假定客户是认同的 67
  4.2.2 一切从客户的角度出发 67
  4.2.3 积极取得客户的信任 68
4.3 针对不同类型客户的说服策略 69
  4.3.1 外向型客户 69
  4.3.2 犹豫寡断型客户 69
  4.3.3 直接问价型客户 70
  4.3.4 理智型客户 70
  4.3.5 首次网购型客户 71
  4.3.6 从众型客户 71
  4.3.7 谨小慎微型客户 72
  4.3.8 VIP型客户 73
  4.3.9 冲动型客户 73
  4.3.10 挑剔型客户 74
4.4 促成交易的方法 74
  4.4.1 优惠成交法 74
  4.4.2 保证成交法 75
  4.4.3 从众成交法 76
  4.4.4 机不可失成交法 77

4.4.5　赞美成交法 77
　　　4.4.6　步步为营成交法 78
　　　4.4.7　用途示范成交法 78
　4.5　习题 79

第 5 章　淘宝客服销售技能 81
　5.1　接待客户 82
　　　5.1.1　欢迎语 82
　　　5.1.2　解答疑问 84
　　　5.1.3　推荐商品 84
　　　5.1.4　促成订单 86
　　　5.1.5　确认订单 87
　　　5.1.6　引导正面评价 88
　　　5.1.7　告别结束语 90
　5.2　催付 90
　　　5.2.1　挑选订单 91
　　　5.2.2　未付款的客观原因 92
　　　5.2.3　未付款的主观原因 99
　　　5.2.4　使用工具进行催付 100
　　　5.2.5　催付工具表 101
　　　5.2.6　催付语言 102
　5.3　订单处理流程 102
　　　5.3.1　订单查找 102
　　　5.3.2　订单处理 103
　　　5.3.3　订单备注 106
　5.4　习题 107

第 6 章　淘宝售后的交易纠纷处理 109
　6.1　售后服务的重要性 110
　　　6.1.1　提升满意度和转化率 110

6.1.2 提升复购率 111
6.1.3 降低店铺的负面影响 111
6.2 交易纠纷产生的原因 112
6.2.1 客服问题 112
6.2.2 客户问题 113
6.3 尽可能地避免交易纠纷 113
6.4 处理客户投诉的基本原则和策略 116
6.4.1 基本原则 116
6.4.2 处理策略 117
6.5 淘宝售后服务处理 119
6.5.1 查单、查件 119
6.5.2 退换货、退款 121
6.5.3 客户说商品是假货,申请退款 122
6.5.4 纠纷退款 122
6.5.5 评价管理 123
6.6 处理好中、差评 125
6.6.1 避免中、差评 125
6.6.2 遇到中、差评如何处理 126
6.6.3 如何说服客户修改中、差评 128
6.7 习题 128

第7章 客户关系管理 130
7.1 客户关系管理基础 131
7.1.1 什么是客户关系管理 131
7.1.2 如何做好客户关系管理 132
7.1.3 老客户具有哪些优势 133
7.2 客户分析 134
7.2.1 流量来源分析 134
7.2.2 官方客户标签 136

  7.2.3 客户分组管理 137

 7.3 玩转淘宝群 139

  7.3.1 淘宝群的创建 139

  7.3.2 "淘金币打卡"玩法 141

  7.3.3 "限时抢购"玩法 142

  7.3.4 "提前购"玩法 143

 7.4 维护好客户关系 144

  7.4.1 会员忠诚度管理 145

  7.4.2 如何维护好客户资源 147

  7.4.3 如何维护好老客户 148

 7.5 习题 149

第8章 京东客服实操 150

 8.1 京东商城开放平台认知 151

 8.2 客服工具京东咚咚工作台 152

  8.2.1 电话/短信功能 152

  8.2.2 议价插件 154

  8.2.3 自动回复语设置 156

 8.3 京东客服管家 158

  8.3.1 服务商经营数据 158

  8.3.2 客服数据对比 160

  8.3.3 咚咚查询 161

  8.3.4 咚咚自定义配置 163

 8.4 客服魔方 165

 8.5 习题 168

第9章 拼多多客服实操 170

 9.1 多多客服 171

  9.1.1 消息设置 171

9.1.2	客服分流设置	174
9.1.3	团队话术设置	176
9.1.4	聊天记录查询	178

9.2 售后管理 179
   9.2.1 售后设置 180
   9.2.2 工单管理 182
   9.2.3 小额打款 182
   9.2.4 开通极速发货 185
   9.2.5 开启催付助手 188
   9.2.6 极速退款 191
   9.2.7 退货包运费 193
   9.2.8 售后小助手 195

9.3 查看客服绩效数据 197

9.4 习题 199

第1章

客服岗前准备

顾名思义，客服就是以服务他人为主的一类工作，也是连接店铺与客户的一座桥梁，他们的一言一行代表的是店铺给客户的第一印象，所以每位客服都需要有较强的客服意识和良好的服务态度。网店商家经常忽视的一个环节就是网店客服，商家认为客服只负责与客户聊天、售后之类的工作，殊不知，客服的询单转化、谈单技巧等都是提高店铺销量的重要因素。

知识导图：

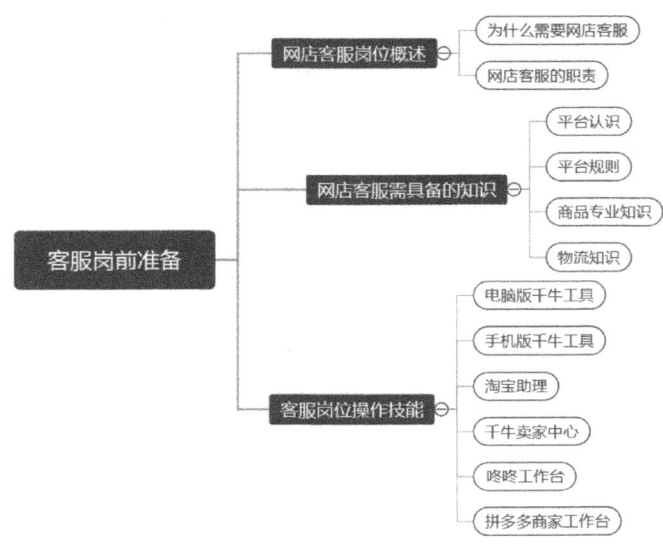

学习目标：

- 网店客服岗位概述。
- 网店客服需具备的知识。
- 客服岗位操作技能。

1.1 网店客服岗位概述

随着互联网的发展，在网上购物的人越来越多，网店客服就格外的重要。网店客服不仅代表着店铺的形象，也直接影响着店铺转化率，一个好的网店客服能为店铺体现最大的价值。

1.1.1 为什么需要网店客服

现在很多商家都在寻找合适的客服帮助自己打理网店，为什么需要网店客服呢？

1．提高客户的满意度

客服的服务质量，直接影响着客户的满意度，优秀的客服会认真对待每一个进店咨询的客户，为客户耐心地做出解答，服务热情、周到。在与客户交流的过程中，客服会耐心地询问、认真地倾听，主动为客户提供帮助，让客户享受良好的购物体验。

2．树立店铺形象

客服的沟通态度，一个笑脸，或者一个亲切的问候，都能让客户感觉到其不是在跟冰冷的计算机和网络打交道，而是跟一个善解人意的人在沟通，这样可以树立良好的店铺形象。

3．提高店铺转化率

客服可以有效地提高店铺转化率，优秀的客服熟知店铺商品的知识，了解客户购买心理，懂得如何和客户进行沟通，能够正确地引导客户购买，促成订单。对于没有及时付款的客户，客服的跟进沟通、催付也是提高店铺转化率的保障。

4．增加回头客

客服要做的就是当客户收到自家商品以后，询问客户商品是否存在问题，当店铺有活动时也可以告知客户，这样客户会觉得自己是被重视的，也会对店铺有更好的印象，下次购买的概率就会提高，大大增加了回头客。

5．降低店铺经营风险

商家在开店过程中难免会遇到退换货、退款、交易纠纷、客户投诉、差评、平台处罚，甚至欺诈等经营风险。一个优秀的网店客服能有效地控制退换货、退款等情况，还能尽量避免交易纠纷，避免违反平台规则，店铺也就不会遭到平台的处罚。

6．更好地服务客户

拥有专业知识和良好沟通技巧的客服，可以给客户提供更完善的服务，更加快速地对售后问题给予反馈，从而更好地服务客户。

1.1.2 网店客服的职责

网店客服的工作看起来很简单，其实并不简单，客服不仅要为客户解答各种问题，还有更多其他的事要去做。那么，网店客服有哪些职责呢？

（1）及时接待客户：通过千牛等聊天工具与客户进行线上沟通。每个咨询的客户都是不愿意等的，因此客服有时候会同时接待很多客户，这个时候客服要能够及时接待客户。

（2）解答客户问题：店铺需要一个专业的客服，从专业的角度为客户解决交易过程中遇到的各方面问题，如商品问题、物流问题、支付问题等。

（3）引导客户下单：客户在网店买东西时，经常会货比三家，这个时候客服就起到很重要的作用，不但要为客户解答困惑，还要把自家商品的优势说出来，并有耐心地为客户解答，引导客户下单。

（4）后台操作：包括交易管理、商品管理、评价管理、会员关系管理，以及举报投诉等与付款相关事宜的备注及操作。

（5）售后服务：当客户收到商品的时候，客服可以主动地联系客户，询问客户是否满意，有什么疑问。客服应及时地和客户进行沟通和交流，对客户提出的有关商品及店铺服务等方面的意见和建议进行收集整理，并反馈给相关岗位。

（6）维护客户关系：定期或不定期进行客户回访，建立客户档案、质量跟踪记录等售后服务信息管理系统，负责发展和维护良好的客户关系。

1.2 网店客服需具备的知识

网店客服只具备基本的工作技能是远远不能满足其工作需求的。作为一名优秀的网店客服，还需要具备更加丰富的知识储备，以及熟练的操作技能。

1.2.1 平台认识

为什么客服需要对平台有所了解呢？因为在沟通过程中，客户也会咨询一些关于平台的问题，如店铺内部的活动、店铺参与的平台活动、活动商品在哪里展示、什么人可以享受活动价格、平台有哪些功能及如何使用等。客服对平台越了解，对店铺商品展示的位置就越清楚，也就能够更迅速地帮助客户找到适合的商品。

淘宝为更多的消费者提供海量且丰富的商品，通过提供开设网店等基础性服务，帮助更多的商家开拓市场、建立品牌，实现产业升级，帮助更多胸怀梦想的人通过网络实现创业、就业。淘宝首页如图1-1所示。

京东商城（简称"京东"）是专业的综合网上购物商城，销售超数万种品牌的商品。京东商城也是为第三方商家提供交易的平台。京东商城为第三方商家提供从入驻开店到商品销售、售后服务、仓储配送等一系列服务，京东商城首页如图1-2所示。

相对于淘宝和京东来说，拼多多的成立时间比较晚，但其发展速度非常快，截至2020年12月31日，拼多多市值成功超越美团，成为全国第三大互联网公司。拼多多是一家典型的社交电商平台，客户通过发动亲朋好友等方式，能以更低的价格购买商品，拼多多也通过分享模式快速打入市场。

图1-1 淘宝首页

图1-2 京东商城首页

进入拼多多首页，可以看到"限时秒杀""断码清仓""9块9特卖""签到""多多赚大钱""砍价免费拿"等分类功能模块，这些都是为了让客户买到更加便宜的实惠商品，拼出更低的价格，如图1-3所示。

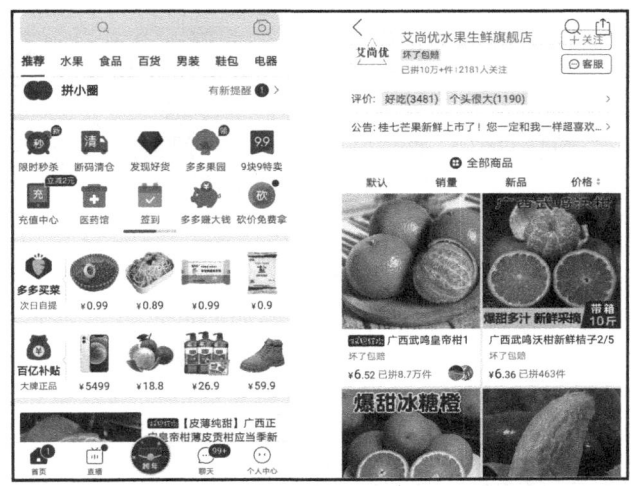

图1-3 拼多多首页

1.2.2 平台规则

开网店一定要了解平台规则,这是所有客服和商家必须要重视的。一旦违反平台规则,小至降权重,大到封账户,而且很有可能面临着罚款。不管在哪个平台上开店,都是有要求的,只有了解其规则和要求,做好充分的准备,才能顺利开店。网店客服在服务过程中,首先要遵守国家法律法规,其次要遵守平台规则。

提示与技巧

平台在发展,规则不可能不变,所以客服一定要关注平台规则,不然很容易在不知情的情况下违反平台规则。只有掌握了平台规则,才能避免违规事件的发生。

平台规则起到规范平台用户行为、维护买卖双方利益的作用。在客服的日常工作中,经常用到的平台规则如下。

淘宝网规则是淘宝网为了规范买卖双方行为而制定的规则,一般只有在买卖双方出现违规行为的时候才适用。制定淘宝网规则的目的是保障客户合法权益,维护淘宝网正常经营秩序。淘宝网规则中心如图 1-4 所示。淘宝网规则中心具有搜索功能,在输入问题后,系统会根据问题的关键词显示相关的答案。

图 1-4 淘宝网规则中心

天猫平台除商品要求高之外，各种规则要求也高。天猫规则分为两类违规，一类为一般违规，另一类为严重违规。天猫规则中心如图1-5所示。

图1-5　天猫规则中心

京东平台规则用于京东的商家，是对京东商家增加基本义务或规范商家行使基本权利的条款。对于违规行为的认定与处理，京东将基于法律法规的规定、协议的约定、客户和商家提供的证据材料及平台记录的相关信息等做出判断，并依据相关规则严格执行。图1-6所示为京东平台规则中心。

图1-6　京东平台规则中心

拼多多规则中心如图 1-7 所示，常见的规则包括招商规则、运营规则、服务规则、处理规则、临时公告等。

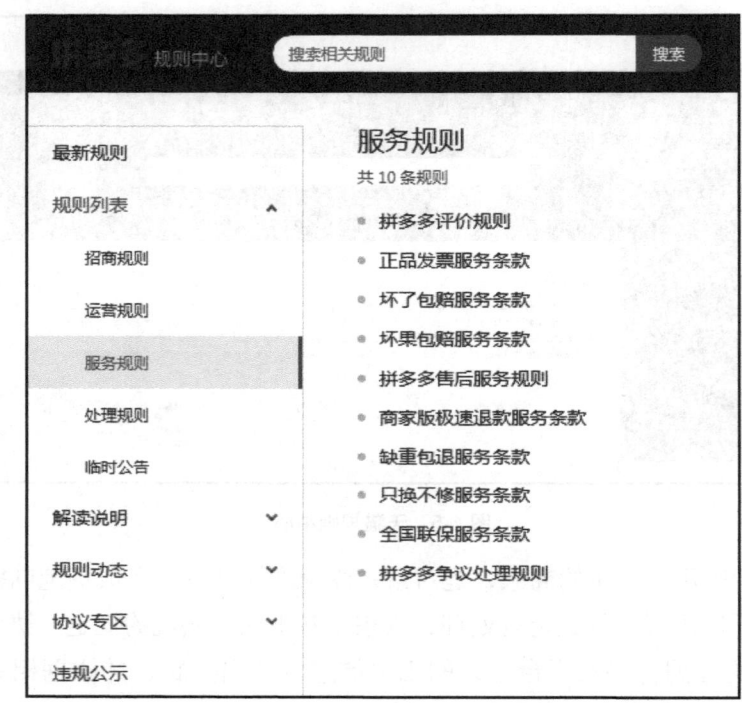

图 1-7　拼多多规则中心

1.2.3　商品专业知识

客服应该对商品的种类、材质、尺寸、用途、注意事项等有所了解，最好对行业的有关知识，以及商品的使用方法、洗涤方法、修理方法等也有基本的了解。

例如，客户在网上购买服装时，通常会担心所选的服装不适合自己，穿上之后达不到自己想要的效果。客服需要利用自己对服装的品牌、款型、价格、质地等知识的灵活掌握，随问随答。在给客户提供信息时，简略、突出重点是最重要的。图 1-8 所示为客服要了解的商品知识。

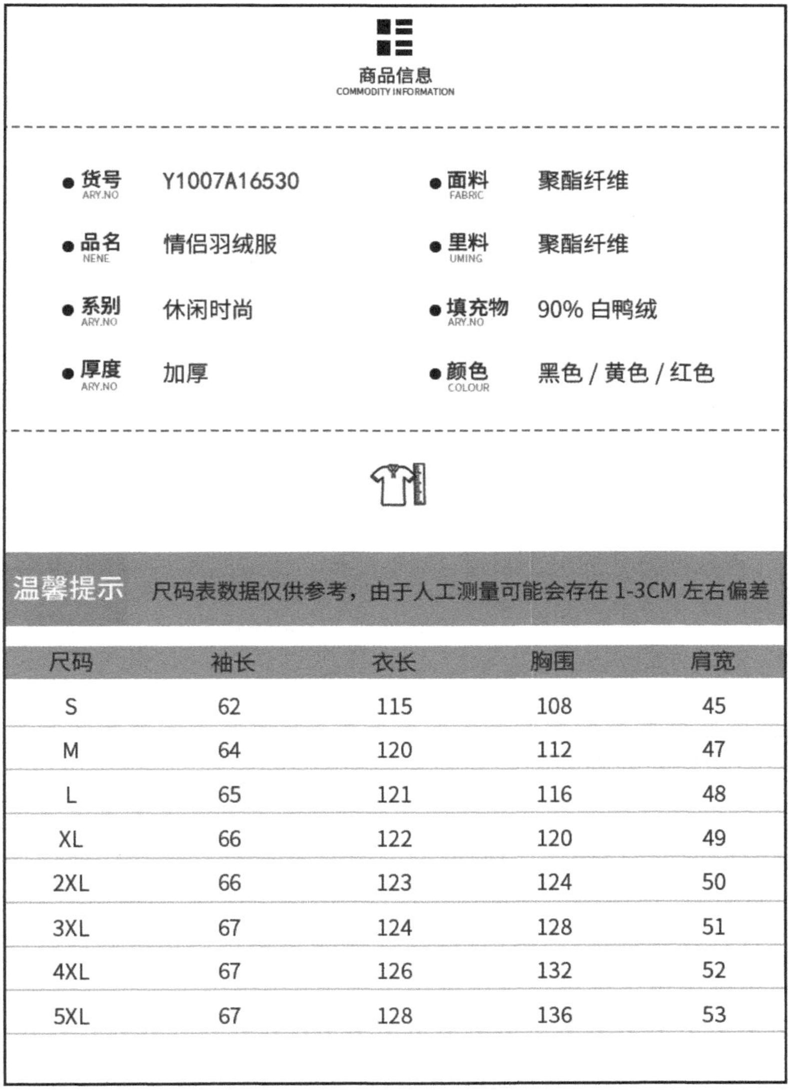

商品信息
COMMODITY INFORMATION

货号 ARY.NO	Y1007A16530	面料 FABRIC	聚酯纤维
品名 NENE	情侣羽绒服	里料 UMING	聚酯纤维
系别 ARY.NO	休闲时尚	填充物 ARY.NO	90% 白鸭绒
厚度 ARY.NO	加厚	颜色 COLOUR	黑色/黄色/红色

温馨提示 尺码表数据仅供参考，由于人工测量可能会存在 1-3CM 左右偏差

尺码	袖长	衣长	胸围	肩宽
S	62	115	108	45
M	64	120	112	47
L	65	121	116	48
XL	66	122	120	49
2XL	66	123	124	50
3XL	67	124	128	51
4XL	67	126	132	52
5XL	67	128	136	53

图 1-8　客服要了解的商品知识

　　不同的商品可能适合不同的人群，如化妆品涉及肤质的问题，不同肤质的人在选择化妆品上会有很大的差别；不同年龄、不同生活习惯的人适合不同的内衣款式；不同的玩具适合不同年龄的儿童，有些玩具不适合太小的婴儿。客服对这些情况都需要有基本的了解。

1.2.4　物流知识

除前面必须了解的知识以外，客服还应该了解物流知识。

（1）了解不同物流方式的运作方式。

- 邮政邮寄：邮政邮寄方式分为平邮（国内普通包裹）、EMS 和国际邮包。
- 物流公司：常见的民营物流公司有顺丰、中通、圆通、申通等。
- 物流货运：物流货运方式分为水路运输、汽车运输和铁路运输等。

（2）了解不同物流方式的价格，单价是多少、起步价是多少、超重如何计费等。

（3）了解不同物流方式的运输时间，几天到达。

（4）了解不同物流方式的联系方式，了解如何通过各个物流公司网站、App 查询网点情况、联系方式、物流费用，了解如何在网上下单选择物流公司。

（5）了解不同物流方式的包裹撤回、地址更改、状态查询、问题件退回、货到付款、索赔处理等信息。

1.3　客服岗位操作技能

客服很重要的一项工作职责就是运用平台提供的沟通工具与客户进行沟通，帮助客户选择商品，解答客户的问题，顺利完成交易。因此，客服需要掌握电脑版千牛工具、手机版千牛工具、淘宝助理、千牛卖家中心、咚咚工作台、拼多多商家工作台等的操作技能。

1.3.1　电脑版千牛工具

千牛是淘宝网客服使用的最重要的工具。千牛不仅具有聊天接单功能，而且具有强大的操作功能。通过千牛，淘宝网客服可以进行交易管理、商品管理、评价管理、物流管理等操作。

淘宝网客服必须通过千牛与客户进行沟通，千牛的功能多，便于使用，最重要的是千牛的聊天记录是淘宝网在处理买卖双方纠纷时官方认可的申诉证据之一。

千牛有电脑版和手机版两个版本，其功能基本一致，只是界面和使用场景有一些区别，下面将一一进行介绍。

电脑版千牛工具是安装在台式电脑或笔记本电脑上的，功能很强大，可以完成店铺管理、商品管理、订单处理及与客户沟通等工作。

1. 下载与安装

（1）在淘宝网"我的淘宝"页面的右上角单击"网站导航"下拉按钮，再单击"旺信"链接进入下载页面，如图1-9所示。

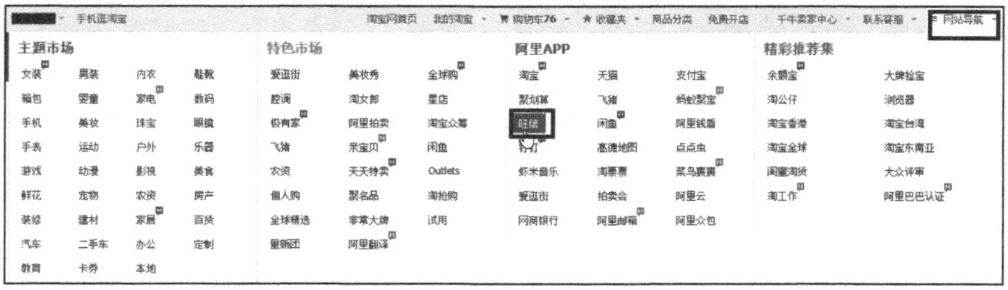

图1-9　单击"旺信"链接

（2）选择"我是卖家"，如图1-10所示。在打开的页面中单击"下载千牛"按钮，如图1-11所示。再单击"电脑客户端下载"按钮，如图1-12所示。

图1-10　选择"我是卖家"

（3）选择安装 Windows 版，如图 1-13 所示。然后根据页面提示进行安装，安装好后运行千牛，用淘宝网账号登录，就可以进入电脑版千牛了。

图 1-11　单击"下载千牛"按钮

图 1-12　单击"电脑客户端下载"按钮

图 1-13　选择安装 Windows 版

2. 功能介绍

电脑版千牛的工作台由三部分组成：桌面工具条、接待中心和插件首页。

桌面工具条如图 1-14 所示，右上角的 ≡ 是千牛的设置按钮，单击此按钮可对千牛的基本功能进行设置。

快捷键设置如图 1-15 所示，设置常用功能的快捷键，能加快调出常用功能的速度，提高工作效率。

图 1-14　桌面工具条

图 1-15　快捷键设置

客服设置中的自动回复设置如图 1-16 所示，可以添加自动回复，并设置使用自动回复的场景。利用此功能可以缩短客服的首次响应时长，第一时间通知客户需要注意的事项等。

桌面工具条上的按钮如图 1-17 所示，从左至右依次为"接待中心""消息中心""千牛头条"和"服务市场"。

单击"接待中心"按钮，弹出"接待中心"界面 1，客服在这里主要完成与客户沟通的工作。如图 1-18 所示，"接待中心"界面 1 最左侧一行按钮从左至右分别是"联系中""最近联系""我的好友""我的群"和"我的团队"。这些按钮可以方便客服有针对性地找到联系人。

图 1-16　客服设置中的自动回复设置

图 1-17　桌面工具条上的按钮

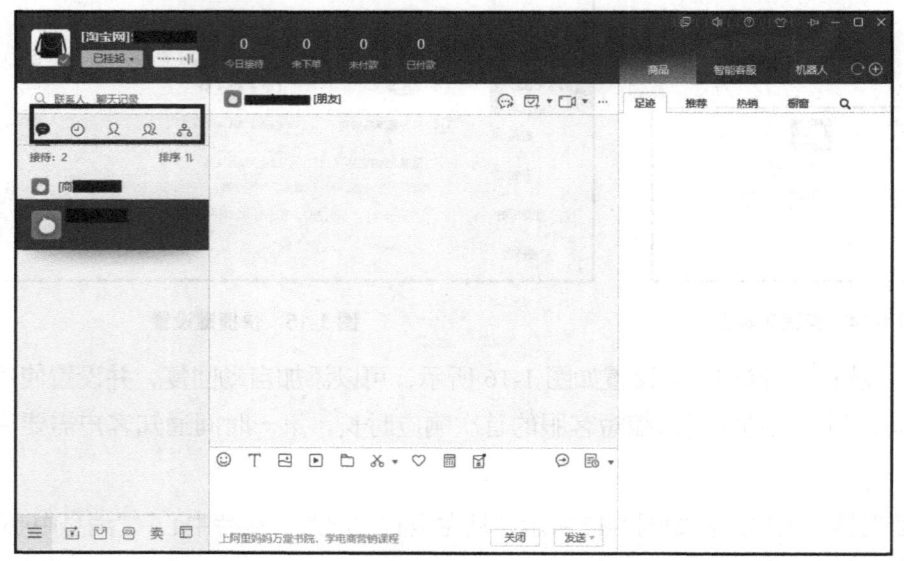

图 1-18　"接待中心"界面 1

如图 1-19 所示,"接待中心"界面 2 中显示的是正在与客服聊天或客服主动查找到的联系人,可以看到该联系人的旺旺 ID,可以按照联系时间对联系人进行排序,还可以通过添加标记将该联系人的对话置顶,以此来提醒客服与该联系人之间有未完结事宜。

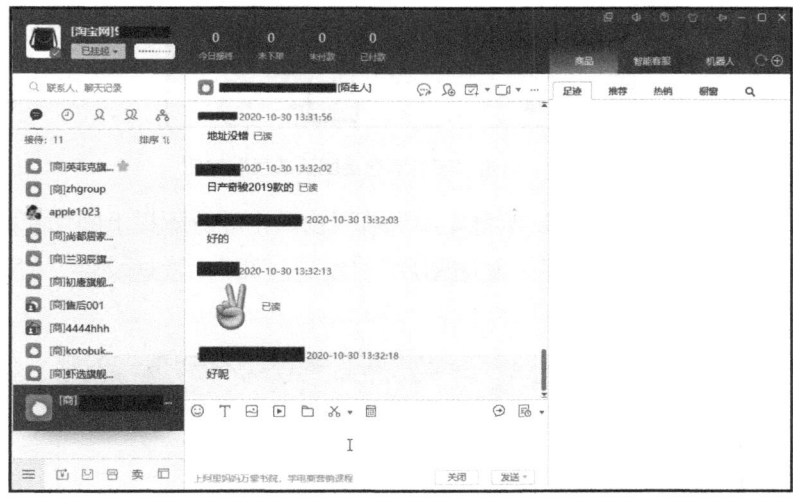

图 1-19 "接待中心"界面 2

如图 1-20 所示,"接待中心"界面 3 上方的按钮从左至右分别为"转发消息给团队成员"(开通旺旺 E 客服功能后可见)、"加为我的好友"(添加好友后,此按钮的功能会转变为邀请好友参加多人聊天)、"新建任务""视频聊天"和"更多"。

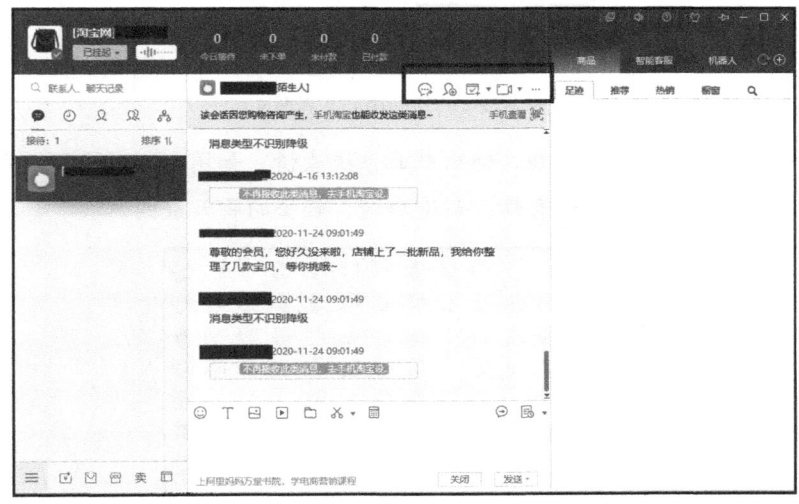

图 1-20 "接待中心"界面 3

如图 1-21 所示,当需要把客户交接给团队内的其他客服接待时,可以单击"转发消息给团队成员"按钮。

图 1-21　单击"转发消息给团队成员"按钮

如图 1-22 所示,"接待中心"界面 4 中的聊天窗口中间分隔栏上的功能按钮从左至右分别为"选择表情""设置字体""发送图片""发送视频""发送文件""屏幕截图"和"计算器"。

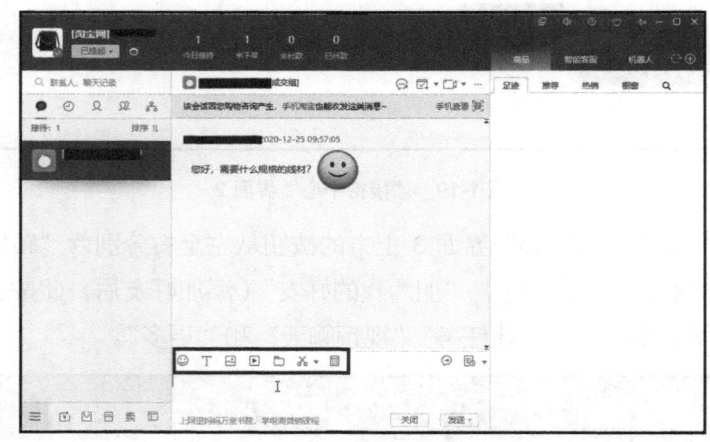

图 1-22　"接待中心"界面 4

♪　单击"选择表情"按钮,弹出旺旺系统表情,如图 1-23 所示。建议客服在与客户沟通时合理运用表情,创造和谐、轻松的聊天氛围。

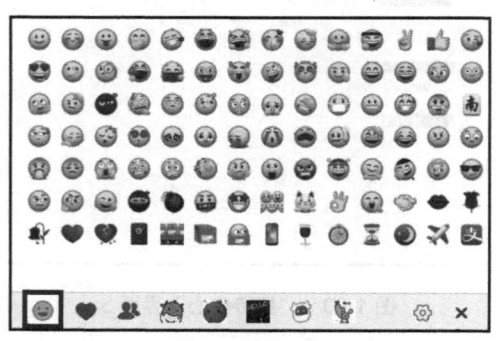

图 1-23　旺旺系统表情

- 单击"设置字体"按钮，合理设置字体、字号及颜色，让聊天窗口中客服的话语与客户的话语有所区分。但也要注意，尽量避免使用红色等夸张的颜色，以免让客户反感。
- "发送图片""发送视频""发送文件"和"屏幕截图"按钮可以在向客户确认某些信息时使用。
- 单击"计算器"按钮可以直接调出系统自带的计算器。

如图1-24所示，单击"快捷短语"按钮，右侧会显示"快捷短语"窗口，在这里可以进行快捷短语的创建、编辑、导入、导出及分组操作。快捷短语可以提高客服的工作效率、减少出错、缩短客户的等待时长。因此，客服在上岗前，需要按照店铺要求统一设置快捷短语。

如图1-25所示，单击"查看消息记录"下拉按钮，可以查看与当前联系人的聊天记录；也可以选择查看在线聊天记录，查看团队内的其他客服与客户的聊天记录。

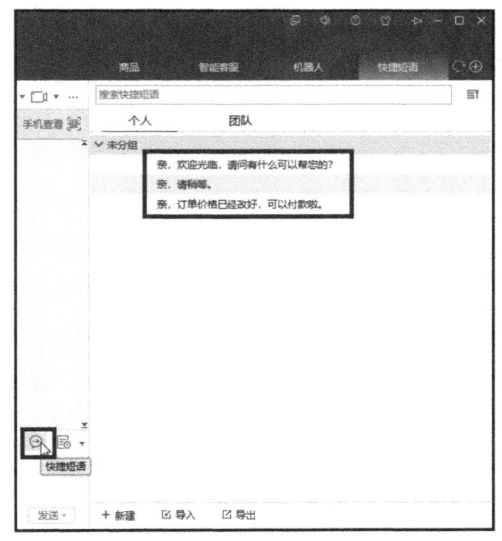
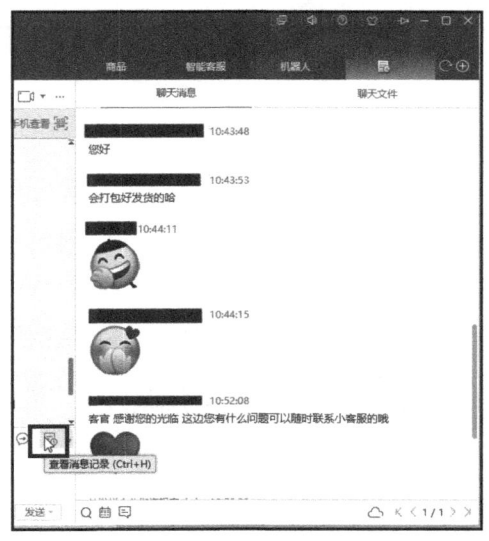

图1-24　快捷短语设置　　　　　　　图1-25　查看聊天记录

在"接待中心"界面右侧的区域可以显示使用过的插件。

如图1-26所示，单击"商品"插件，可以显示客户浏览过的商品，以及与客户购买习惯相关的店铺内的其他商品。

▶电商多平台客服实战
淘宝、京东、拼多多

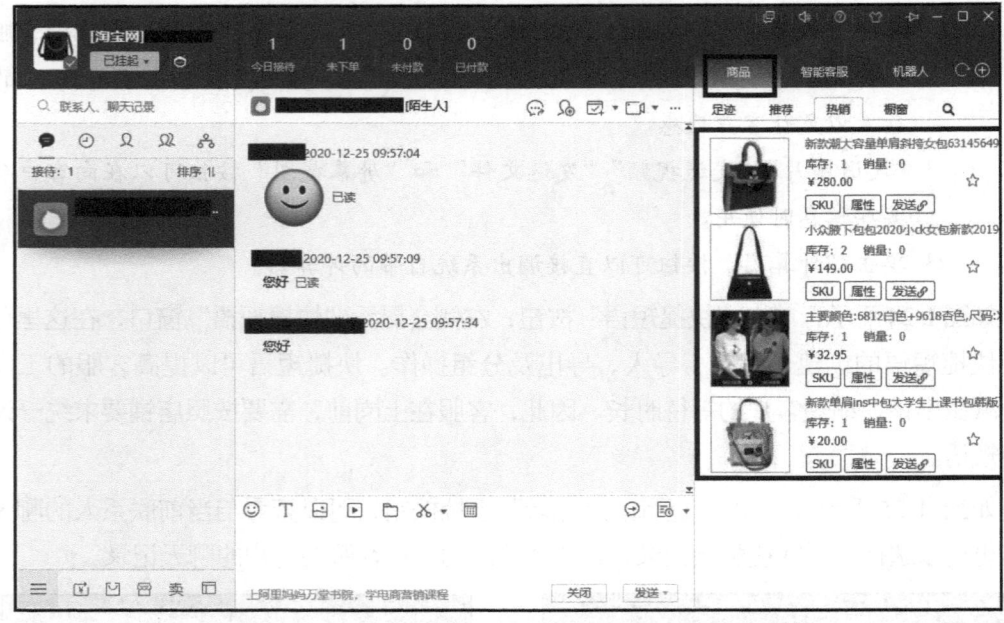

图 1-26 查看商品

单击"订单"插件,可以显示已有的交易订单,并且可以很方便地进行给订单添加备注、给客户留言、查看客户的收货地址及发货等操作。

1.3.2 手机版千牛工具

手机版千牛的功能很丰富,也很便于使用。在手机中安装手机版千牛,可以随时随地查看店铺状态、处理订单,以及与客户进行沟通。

1. 下载与安装

在淘宝网找到千牛下载页面,选择"手机客户端下载",扫描图片中的二维码进行下载及安装,如图 1-27 所示。

下载并安装手机版千牛以后,用自己的淘宝网账号进行登录即可,如图 1-28 所示。

第 1 章
客服岗前准备

图 1-27 下载手机版千牛　　　　　　图 1-28 登录手机版千牛

2. 功能介绍

手机版千牛与电脑版千牛的主要功能基本一致，只是手机版界面与电脑版界面不同，下面通过图片举例说明。

如图 1-29 所示，手机版千牛首页下方的按钮从左至右分别是"工作台""消息""问答""头条"和"我的"。

手机版千牛的"工作台"界面中有店铺数据及各种插件，插件名称和功能与电脑版一致，如图 1-30 所示。

手机版千牛的"消息"界面中可以接收到各种消息，其功能相当于电脑版千牛的"接待中心"，在这里可以随时和客户交流，进行收发消息、发送商品链接等操作，如图 1-31 所示。

手机版千牛的"问答"界面如图 1-32 所示。

手机版千牛的"头条"界面如图 1-33 所示。

手机版千牛的"我的"界面相当于设置中心，在这里可以通过点击各个选项进入各个界面，还可以对手机版千牛进行设置，如图 1-34 所示。

19

▶ **电商多平台客服实战**
淘宝、京东、拼多多

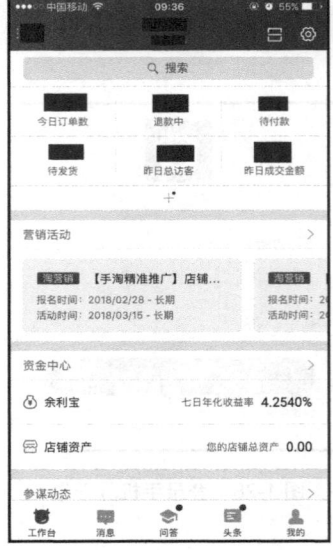

图 1-29　手机版千牛首页

图 1-30　手机版千牛的
"工作台"界面

图 1-31　手机版千牛的
"消息"界面

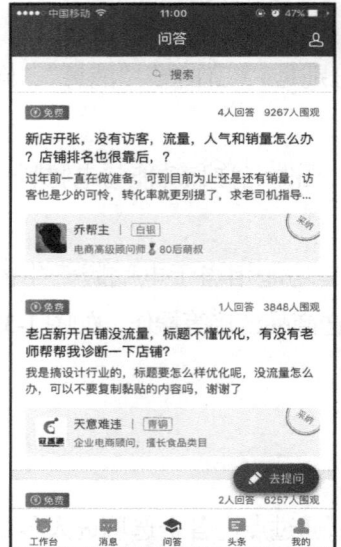

图 1-32　手机版千牛的
"问答"界面

图 1-33　手机版千牛的
"头条"界面

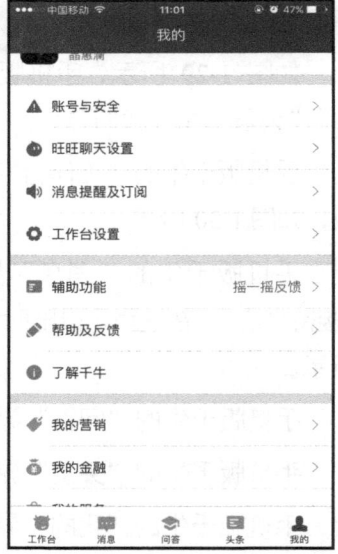

图 1-34　手机版千牛的
"我的"界面

1.3.3 淘宝助理

淘宝助理是一款功能强大的客户端工具软件，它提供了一个方便的管理界面，可以帮助商家快速创建新商品、离线编辑商品信息、上传和下载商品并进行管理、批量打印快递单、批量发货和进行好评。图 1-35 所示为淘宝助理首页。

图 1-35　淘宝助理首页

淘宝网为淘宝助理开放了专门的数据接口，因此，淘宝助理不仅可以与平台的升级变化同步更新，而且可以及时地反映出商家的后台管理数据，以确保数据对接的准确性。

1. 新建宝贝

单击"创建宝贝"下拉按钮，选择"新建空白宝贝"选项，如图 1-36 所示。先填写宝贝"基本信息"选项卡上的每个选项，再单击"宝贝描述"选项卡继续编辑，编辑完成后单击"保存"按钮，上面的列表中就出现了新建的宝贝。

▶电商多平台客服实战
淘宝、京东、拼多多

图1-36 新建空白宝贝

2. 淘宝网数据的导入和导出

为了方便用户备份或转移数据，淘宝助理提供了导入和导出数据的功能。

导出数据的操作步骤如下。

（1）在宝贝列表中选择要导出的宝贝，单击顶部的"导出CSV"下拉按钮，选择"导出勾选宝贝"选项，如图1-37所示。

（2）弹出"保存"对话框，选择相应的保存位置，单击"保存"按钮，如图1-38所示，即可保存数据，如图1-39所示。数据保存成功后，会生成一个.csv文件和一个同名目录。

第 1 章
客服岗前准备

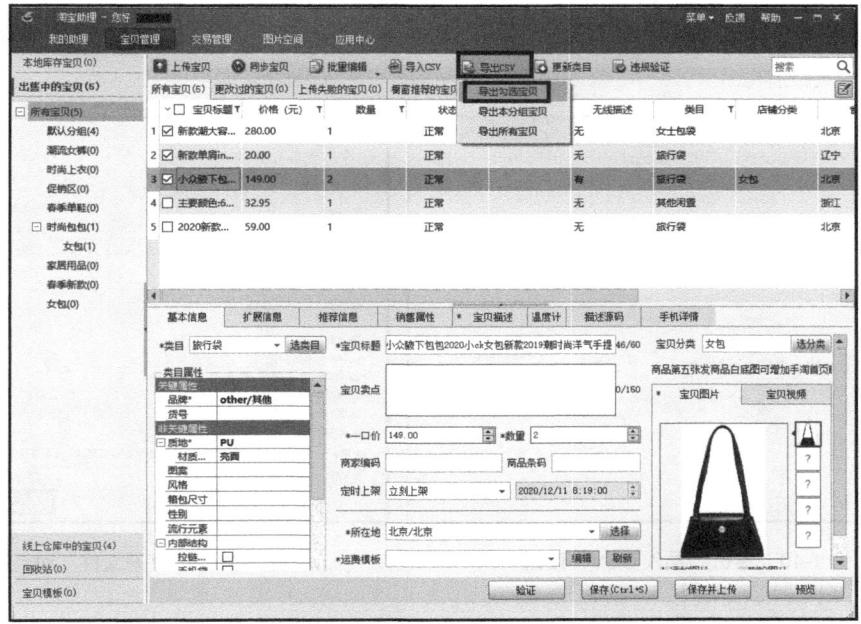

图 1-37 选择"导出勾选宝贝"选项

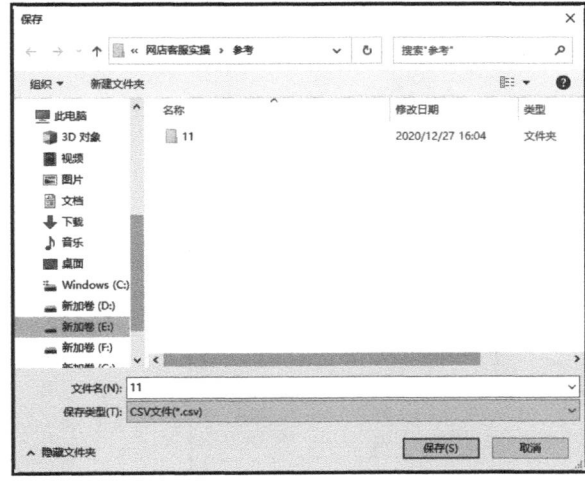

图 1-38 "保存"对话框

1-39 保存数据

导入数据的操作步骤如下。

（1）启动淘宝助理，单击"导入 CSV"按钮，如图 1-40 所示。

（2）弹出"打开文件"对话框，选择相应的文件，单击"打开"按钮，如图1-41所示，即可导入数据。

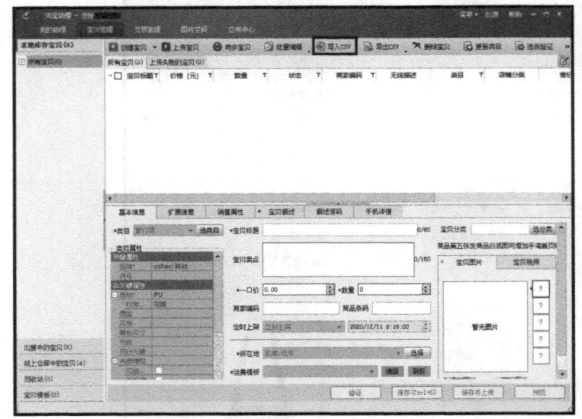
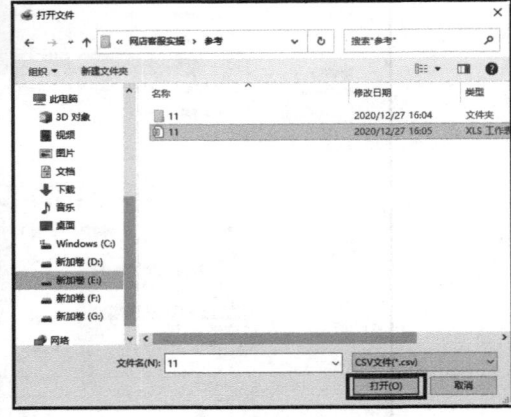

图1-40　单击"导入CSV"按钮　　　　图1-41　"打开文件"对话框

3. 批量编辑宝贝

选中要批量编辑的宝贝，单击"批量编辑"下拉按钮，在下拉列表中有可以批量编辑的各种信息，如图1-42所示。

图1-42　批量编辑宝贝

如果要修改单个宝贝，则单击需要修改的宝贝，在下方基本信息处进行修改即可。

1.3.4 千牛卖家中心

千牛卖家中心是每个淘宝网客服都必须要掌握的，快速掌握千牛卖家中心，会大大提高运营店铺的效率。卖家所有关于店铺经营的操作都可以在千牛卖家中心里完成。客服需要掌握千牛卖家中心里一些和交易相关的功能。

千牛卖家中心首页如图 1-43 所示。

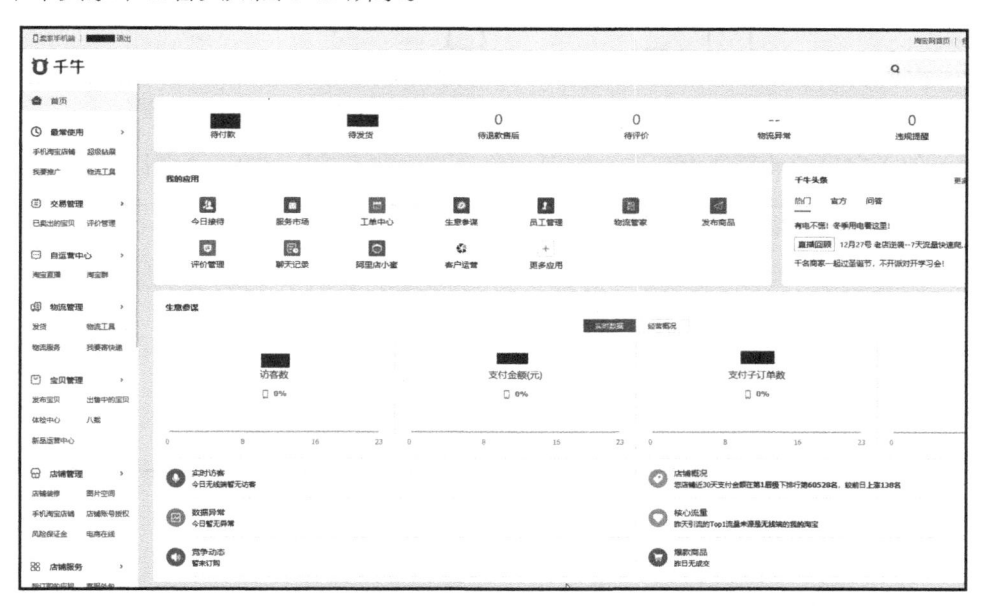

图 1-43 千牛卖家中心首页

千牛卖家中心提供宝贝管理功能，在宝贝管理页面中，可以对商品信息进行修改，也可以将商品下架，还可以对商品进行推荐。

店铺宝贝管理的操作步骤如下。

（1）登录千牛卖家中心，单击左侧"宝贝管理"下面的"出售中的宝贝"选项，如图 1-44 所示，单击"出售中的宝贝"选项卡，如图 1-45 所示。

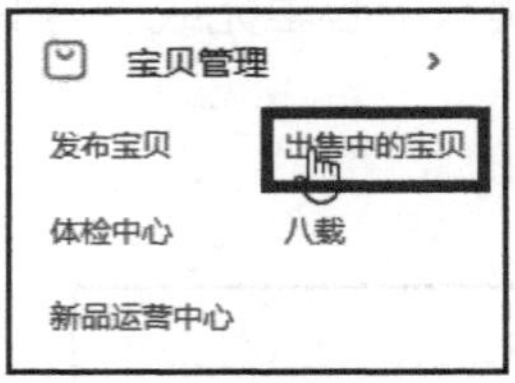

▶电商多平台客服实战
淘宝、京东、拼多多

图 1-44 宝贝管理 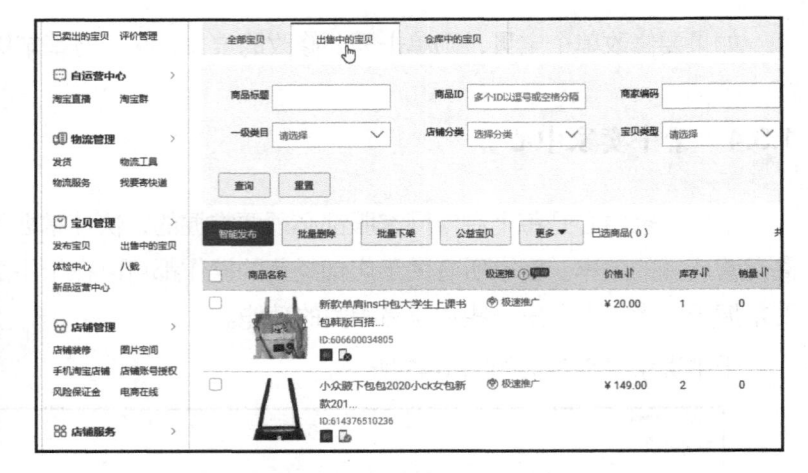　　　　图 1-45 单击"出售中的宝贝"选项卡

（2）勾选宝贝前的复选框，选中宝贝，单击"立即下架"按钮，如图1-46所示。

图 1-46 单"立即下架"按钮

（3）弹出"立即下架"提示框，单击"确认"按钮，如图1-47所示。

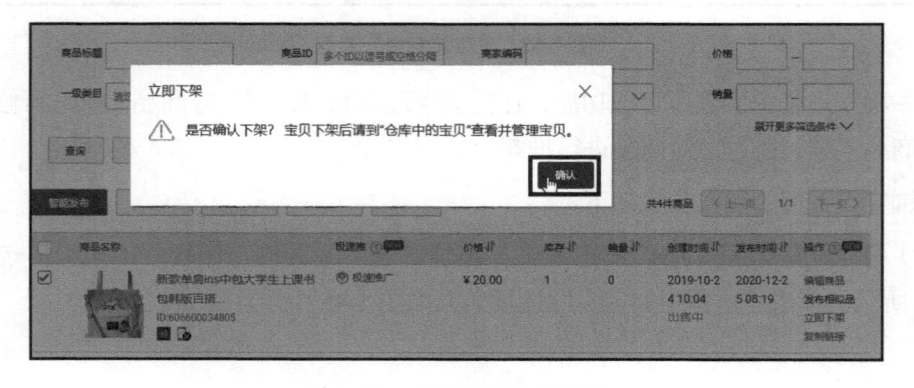

图 1-47 "立即下架"提示框

(4)下架后的宝贝在仓库中,单击"立即上架"按钮宝贝可立即上架,单击"定时上架"按钮宝贝可在特定的时间上架,如图 1-48 所示。

图 1-48 下架后的宝贝在仓库中

(5)单击"编辑商品"按钮,即可打开发布宝贝时的页面进行编辑,如图 1-49 所示。

图 1-49 编辑商品

1.3.5 咚咚工作台

咚咚工作台是京东商城针对商家和客户推出的即时聊天工具，支持电脑端与手机端，为商家和客户架起沟通的桥梁。咚咚工作台是供京东中小型商家使用的工作台，不仅提供在线客服功能，还提供即时消息提醒、订单管理等功能，是商家打理店铺的好帮手。

（1）打开京东咚咚商家版下载页面，单击"立即下载"按钮，如图 1-50 所示。

图 1-50　单击"立即下载"按钮

（2）下载完即可安装，安装完成后在咚咚工作台的登录界面，利用已有的京东账户进行登录操作，如图 1-51 所示。

图 1-51　登录咚咚工作台

（3）登录完成即可进入咚咚工作台界面，如图1-52所示。在这里商家可以在线管理自己店铺的商品上下架、交易收款、接收订单、与客户沟通等，在接收客户咨询的同时可快速核对订单。同时支持在线咨询，查看详细的经营状况，进行客户和订单管理，还能够协助商家统计库存和销售额、自动回复客户等，可以让商家的线上营销更加轻松。

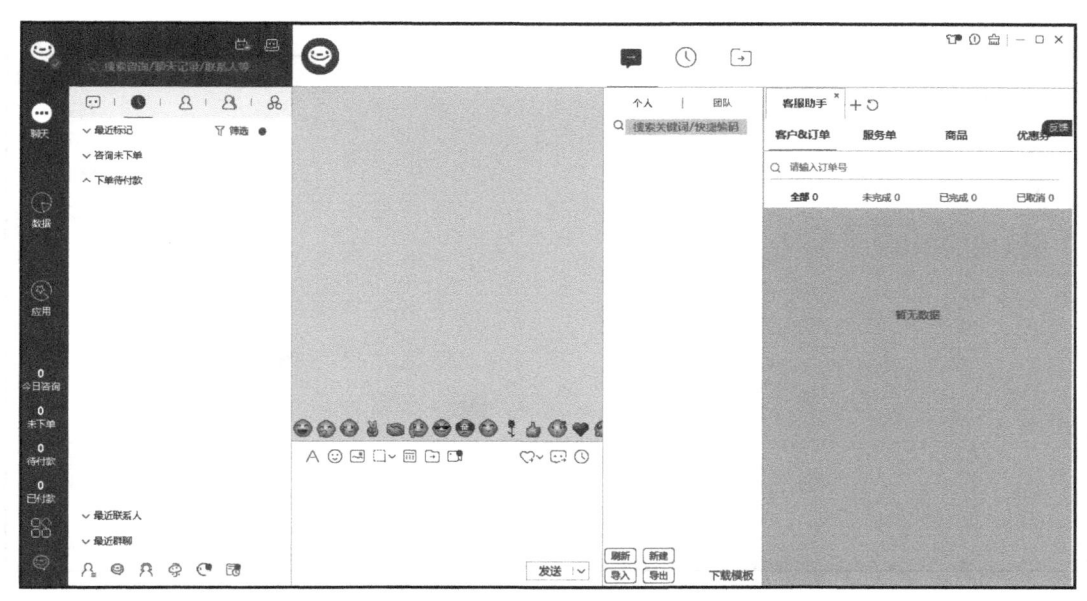

图 1-52　咚咚工作台界面

咚咚工作台界面主要分成三部分，左侧是功能导航菜单和联系人，中间是聊天对话窗口，右侧是客服助手。

（1）功能导航菜单和联系人包括"聊天""数据""应用""今日咨询""未下单""待付款"和"已付款"等功能。

（2）在聊天对话窗口，客服可以与客户通过发送信息进行沟通。

（3）客服助手是咚咚工作台的官方核心插件，客服助手包括"客户&订单""服务单""商品"和"优惠券"4个模块。用于辅助客服与客户进行售前、售后的高效沟通，帮助客服更清晰地匹配客户特征和需求，进行订单查询及便捷操作、商品营销、服务单查询等，从而提升客服效率和店铺转化率。

1.3.6 拼多多商家工作台

拼多多商家工作台是针对商家设计的一款客服聊天软件，该软件可以更好地管理拼多多订单，实现客户的快捷回复功能，从而增加客户的黏性，提高购物体验，更好地促进销售。拼多多商家工作台如图 1-53 所示。

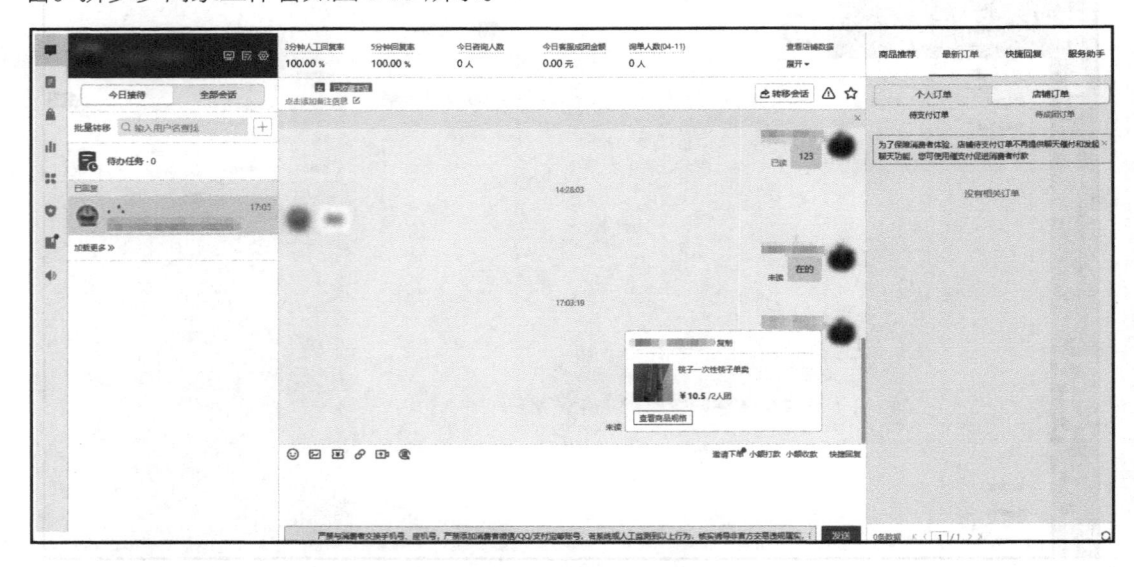

图 1-53 拼多多商家工作台

拼多多商家工作台支持同时登录多个店铺账号，且能够实现聊天窗口的快速切换，从而大大提升商家多店铺聊天运营的便捷性，让商家的工作事半功倍。

可在拼多多商家工作台的左上方单击 "+"，在打开的登录页面中输入其他店铺的账号和密码进行登录，方便商家进行多店铺管理，如图 1-54 所示。

提示与技巧

客服账号登录设备的规则如下。

- 同一个客服账号无法同时登录网页版客服平台和 Windows 商家工作台。
- 同一个客服账号无法在多个电脑设备或手机设备同时登录。
- 同一个客服账号可以同时登录电脑版和手机版 App，并同步接收消息。

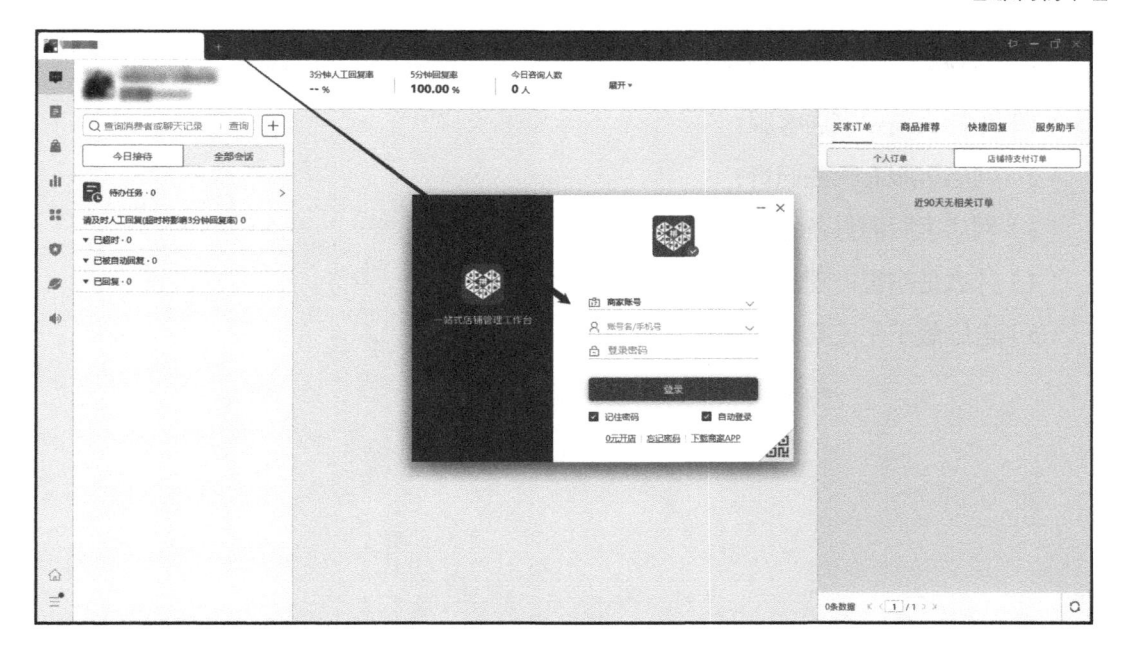

图 1-54　同时登录多个店铺账号

1.4　习题

1. 填空题

（1）开网店一定要了解_____，这是所有客服和商家必须要重视的。

（2）_____不仅具有聊天接单功能，而且具有强大的操作功能。通过_____，淘宝网客服可以进行交易管理、商品管理、评价管理、物流管理等操作。

（3）_____是一款功能强大的客户端工具软件，它提供了一个方便的管理界面，可以帮助商家快速创建新商品、离线编辑商品信息、上传和下载商品并进行管理、批量打印快递单、批量发货和进行好评。

（4）_____是京东商城针对商家和客户推出的即时聊天工具，支持电脑端与手机端，为商家和客户架起沟通的桥梁。

2. 简答题

（1）为什么需要网店客服？

（2）网店客服有哪些职责？

（3）网店客服需具备哪些知识？

（4）什么是淘宝助理？

（5）电脑版千牛工具有哪些主要功能？

第 2 章

与客户沟通和解答问题

沟通是了解和满足客户需求的重要途径。客服只有与客户认真沟通，才能知道客户需要什么样的帮助和服务，知道客户有哪些不满和抱怨，才能对症下药，解答客户的问题。因此，一位优秀的客服必须掌握良好的沟通技巧。

知识导图：

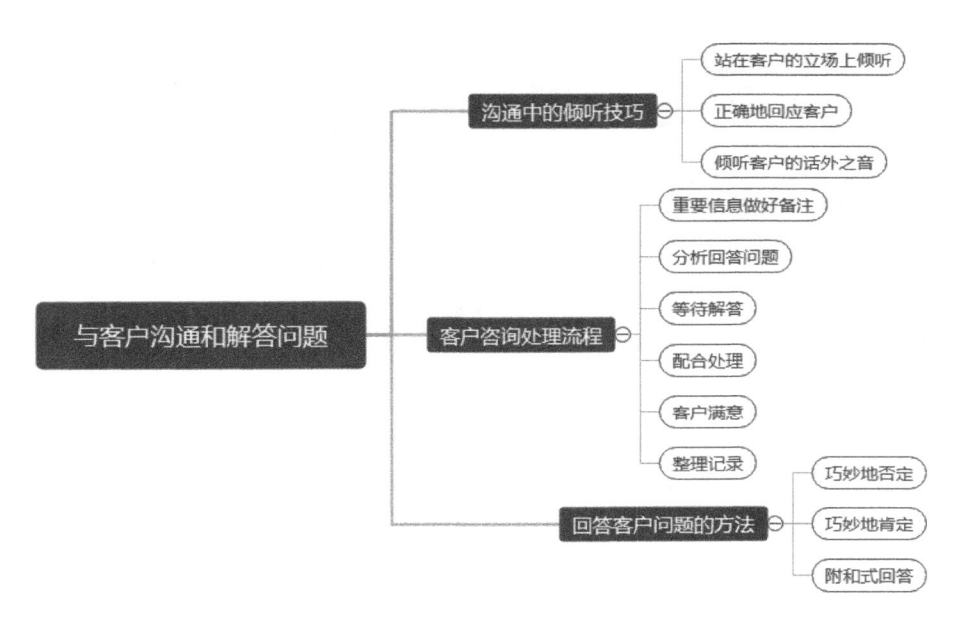

```
                          ┌─ 站在客户的立场上倾听
              沟通中的倾听技巧 ─┼─ 正确地回应客户
              │           └─ 倾听客户的话外之音
              │
              │           ┌─ 重要信息做好备注
              │           ├─ 分析回答问题
与客户沟通和解答问题 ─┼─ 客户咨询处理流程 ─┼─ 等待解答
              │           ├─ 配合处理
              │           ├─ 客户满意
              │           └─ 整理记录
              │
              │           ┌─ 巧妙地否定
              └─ 回答客户问题的方法 ─┼─ 巧妙地肯定
                          └─ 附和式回答
```

学习目标：

- 掌握沟通中的倾听技巧。
- 掌握客户咨询处理流程。
- 掌握回答客户问题的方法。

2.1 沟通中的倾听技巧

客服只有站在客户的立场上用心去倾听，才能为客户提供满意的服务。沟通中的倾听技巧包括站在客户的立场上倾听、正确地回应客户、倾听客户的话外之音等。

2.1.1 站在客户的立场上倾听

只有从客户的角度出发，客服的倾听才会更有效、更到位。客服在倾听时要抛弃自己的主观成见，换位思考，设身处地地为客户着想，如图 2-1 所示。

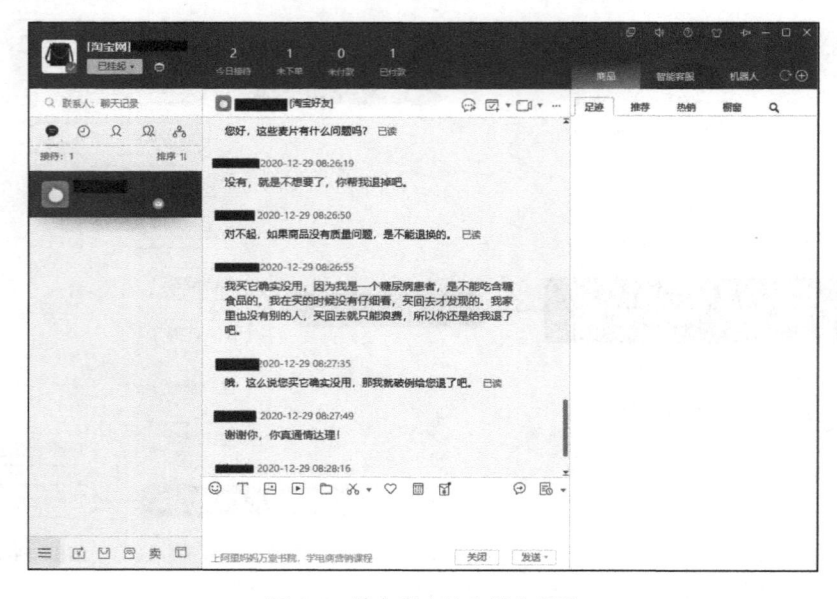

图 2-1 站在客户的立场上倾听

客户：你帮我把这些麦片退掉吧。

客服：您好，这些麦片有什么问题吗？

客户：没有，就是不想要了，你帮我退掉吧。

客服：对不起，如果商品没有质量问题，是不能退换的。

客户：我买它确实没用，因为我是一个糖尿病患者，是不能吃含糖食品的。我在买的时候没有仔细看，买回去才发现。我家里也没有别的人，买回去就只能浪费，所以你还是给我退了吧。

客服：哦，这么说您买它确实没用，那我就破例给您退了吧。

客户：谢谢你，你真通情达理！

客服：不客气，建议您以后在买食品的时候看一下商品详细描述，就知道是否含糖了。

客服首先要学会换位思考，把自己当作客户，这样才能更好地理解客户遇到的问题，给客户提供良好的解决方案。

2.1.2 正确地回应客户

沟通必须有来有往，客服也应适时地表达自己的观点。客服适当地给客户一些积极的回应，一方面可以让客户感觉自己受到了尊重，另一方面有利于客服的思维跟上客户的节奏。

倾听不是一个简单的只听的过程，而是一个双向沟通的过程，只有客服积极鼓励，客户才能更有效地表达自己的想法，客服也能够获得更多、更有效的信息，才能为客户提供更好的服务。客服在回复客户时，不要毫无感情地简单回复，如"嗯""好""对""啊"等。

提示与技巧

客服要灵活掌控沟通进度，激励客户在轻松、友好的氛围中把他所能想到的内容都表达出来，并且客服应对客户的表述做出适当反应，如"不错，很有意思""我赞同您的说法"等。

2.1.3 倾听客户的话外之音

客服要能听出客户的话外之音。例如，某客户咨询问题，在客服给出一种解决方案之后，客户冷冷地说："那好吧，我考虑一下，谢谢，再见。"这样的表述说明这位客户对该客服很失望。客服只有善于倾听客户的话外之音，在沟通中了解客户的真实想法，才能把服务做得更好。

一旦客服在工作中听出客户语气中的不友好态度，应马上安抚客户，表示歉意，并询问客户发生了什么不愉快的事情，而不是继续地正面回答客户的问题。当发现客户有不满情绪时，客服应询问是什么事情让客户感到不满，等排解了客户的怨气之后，再试图解决问题。

2.2 客户咨询处理流程

客户咨询处理是网店客服工作中的一个重要环节，如果不能处理好客户咨询，则会引发很多问题。下面讲述客户咨询处理流程，包括重要信息做好备注、分析回答问题、等待解答、配合处理、客户满意、整理记录等。

2.2.1 重要信息做好备注

人的记忆力是有限的，客户谈到的一些要点，尤其是一些数字，很容易被忘记。所以，客服在与客户沟通时，可以把一些重要的信息记录下来，研究之后再回复客户。当客服与客户沟通时，可以通过千牛给客户简单地添加备注，在与客户沟通的窗口的右下方，单击"智能客服"选项卡，单击客户账号后面的"备注"按钮，如图 2-2 所示。弹出"修改备注"窗口，填写好备注信息，单击"保存提交"按钮，如图 2-3 所示。

客服在为客户服务的过程中，一定要把比较重要的信息记录下来，这样既可以提高自己的工作效率，也可以准确地应对客户需求，还可以让客户感觉自己受到了重视。在为客户服务时做好备注，对客服而言是非常实用也是非常必要的一种方法。

第 2 章
与客户沟通和解答问题

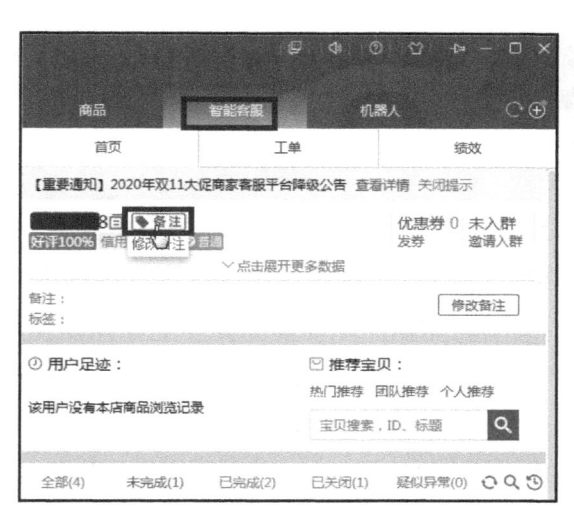

图 2-2 单击"备注"按钮

图 2-3 填写好备注信息

2.2.2 分析回答问题

客户是看不见实物的,所以在客户购买商品的时候,客服可能会遇到客户提出的各种各样的问题,这时候就需要客服具备一定的分析回答问题的能力,通过沟通来解决客户的这些问题。只有解决了这些问题,才能提高客户的满意度、信任度,客户才能放心地在你的店铺里面购买商品。

如果客户咨询的问题是客服立即就能回答的,那么客服就不要含糊其词,应尽快提供给客户信息。

2.2.3 等待解答

有时候客户咨询的问题是动态的,或者是在未来才能得到答案的,也可能不属于客服的本职工作,但和他的工作有关联,需要调查之后才能给出答案,那么客服应该请客户耐心等待,并在限制时间内为客户解答问题。

有时候客户咨询的是在未来的某个时间点才能解答的问题，那么客服不要忘记客户的嘱托，要按时为客户提供信息。

有时候客户咨询的问题尽管发生在过去，但是要想得出具体的结论需要客服花时间去调查，那么客服要为客户承诺时限，并按时解答。

2.2.4 配合处理

在某些情况下，对于客户咨询的问题，客服无法解答，或者无法提供让客户满意的答复。

很多问题是客服个人无法处理的，必须在同事的帮助下才能完成，这时客服应主动寻求同事的帮助。有时候因为对客服的不信任，客户执意要跟比客服更高级别的领导沟通，这时客服应极力劝说客户，让他相信自己，如果实在无能为力，那么再寻求领导的帮助。

2.2.5 客户满意

客服在解答完客户咨询的问题后，还要注意客户对咨询结果的满意度。客服的工作是以客户满意度为标准的，咨询服务也不例外。因此，客服在服务即将结束时应询问客户的感受。

例如，"非常感谢您对本店的支持，希望您购物愉快，您的建议我们会虚心接受，这次真给您添麻烦了，期待您下次光临本店。请问您对本次购物满意吗"？

2.2.6 整理记录

客户咨询处理流程的最后一项工作是整理记录。对于客户提出的一些比较新颖的问题，无论能否给予比较完美的答复，客服都应整理记录并归入快捷回复，以便以后与同事共同研究对策，或者下次遇到类似问题时进行借鉴。

客户经常会咨询一些在客服看来比较怪异的问题，但这些问题可能对客户很重要，不能回答就面临着客户的流失。所以，客服应该把这些问题整理记录下来，找到答案，供下次使用。有时候虽然客服准备得非常充分，但客户仍会提出一些在客服意料之外的问题，客服应把这些问题整理记录下来，研究其最完美的答复，并跟其他同事共享。对于一些客服自认为回答得不够妥当的问题，也应整理记录下来，寻求最恰当的答案。

2.3 回答客户问题的方法

客服在回答客户问题时，必须注重方法和技巧。常见的回答客户问题的方法有巧妙地否定、巧妙地肯定、附和式回答。

2.3.1 巧妙地否定

客户经常会问"对不对""是不是"之类的问题，对于这类问题，客服不能回答得太生硬。巧妙地否定，不仅能让沟通气氛变得更融洽，还能把问题说得更明白，获得客户的信任，如图 2-4 所示。

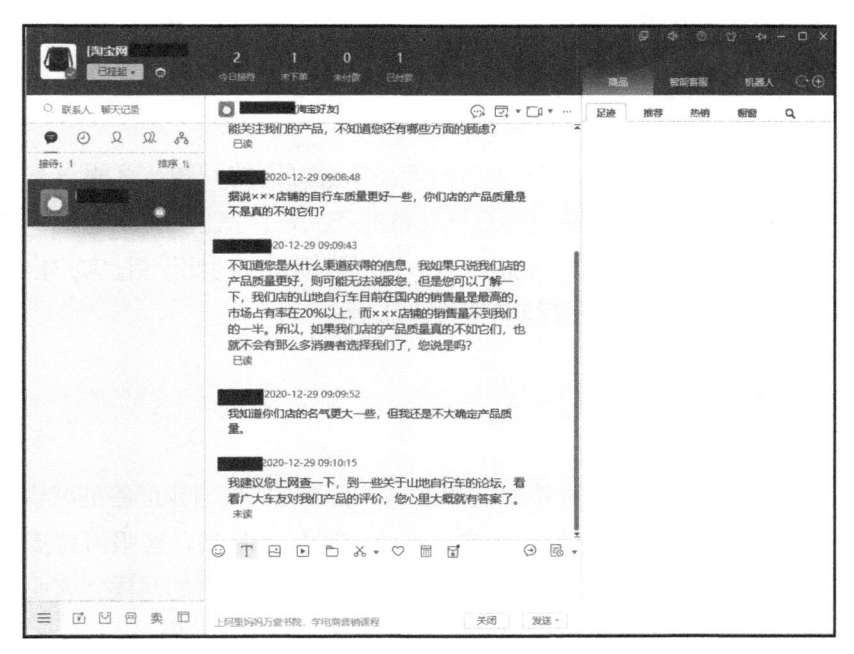

图 2-4　巧妙地否定

客服：您好，骑行单车专卖店，请问有什么需要帮助的吗？

客户：我想买一辆山地自行车，想了解一下你们店铺销售的自行车到底怎么样。

客服：您肯定知道，山地自行车是我们店的主打产品，很感谢您能关注我们的产品，不知道您还有哪些方面的顾虑？

客户：据说×××店铺的自行车质量更好一些，你们店的产品质量是不是真的不如它们？

客服：不知道您是从什么渠道获得的信息，我如果只说我们店的产品质量更好，则可能无法说服您，但是您可以了解一下，我们店的山地自行车目前在国内的销售量是最高的，市场占有率在20%以上，而×××店铺的销售量不到我们的一半。所以，如果我们店的产品质量真的不如它们，也就不会有那么多消费者选择我们了，您说是吗？

客户：我知道你们店的名气更大一些，但我还是不大确定产品质量。

客服：我建议您上网查一下，到一些关于山地自行车的论坛，看看广大车友对我们产品的评价，您心里大概就有答案了。

客户：这倒是一种办法！

客服：谢谢，我对我们店的产品是绝对有信心的，也希望您能选择我们店的山地自行车。

客户问了一个"是不是没有×××店的产品质量好"的问题，客服没有直接给出答案，否定对方。如果客服只是一味地说自己店铺的产品好，完全否定其他店铺的产品，那么只会让客户更加不信任。客服从侧面说话，如"拿销量做对比""让客户自己上网查看消费者的评价"，这样的做法比正面回答更有说服力。

2.3.2 巧妙地肯定

对于封闭式问题，客服不可直接生硬地否定，而要在需要肯定回答的时候，根据具体情况选择回答的方式。当沟通气氛融洽或时间比较紧张的时候，客服可直接用"是的""对"等词简单、有力地肯定；当需要活跃气氛、调动客户情绪的时候，客服就需要回答得更巧妙一些，不妨借机对客户适当加以赞美和鼓励，如图2-5所示。

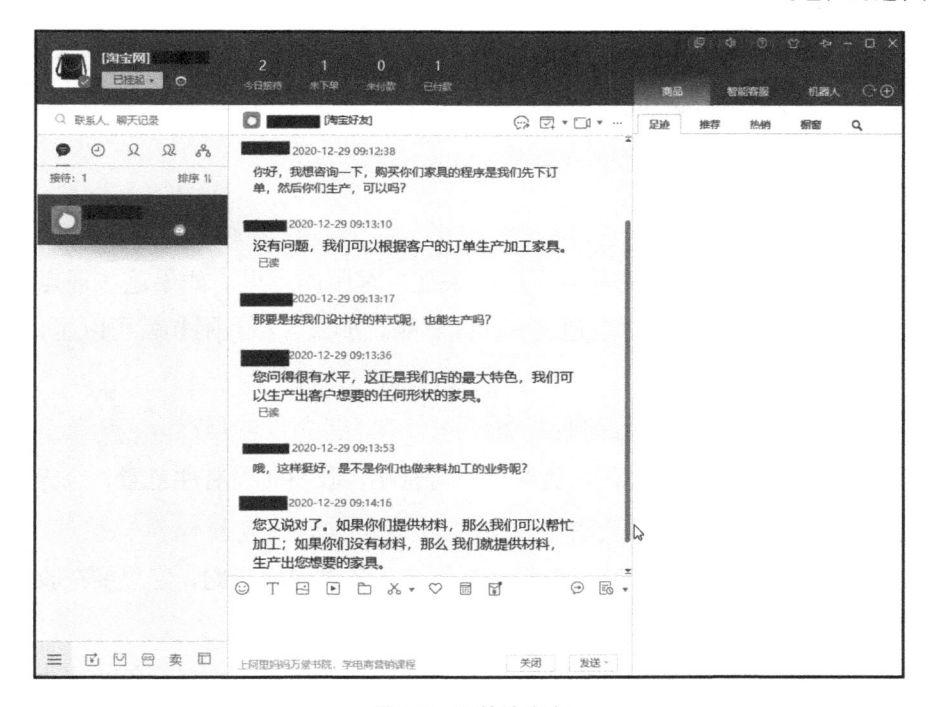

图 2-5 巧妙地肯定

客服：您好，我们是时尚家居店，请问有什么需要帮助的吗？

客户：你好，我想咨询一下，购买你们家具的程序是我们先下订单，然后你们生产，可以吗？

客服：没有问题，我们可以根据客户的订单生产加工家具。

客户：那要是按我们设计好的样式呢，也能生产吗？

客服：您问得很有水平，这正是我们店的最大特色，我们可以生产出客户想要的任何形状的家具。

客户：哦，这样挺好，是不是你们也做来料加工的业务呢？

客服：您又说对了。如果你们提供材料，那么我们可以帮忙加工；如果你们没有材料，那么我们就提供材料，生产出您想要的家具。

客户：如果和订单不符，那可以退货吗？

客服：这还用说吗？！不过我们还从未遇到过客户退货的情况。

如果遇到需要肯定回答的问题时，可以采用"没有问题""您问得很有水平""这还用说吗"等表达方式，干脆利落地回答客户。

2.3.3 附和式回答

有些客户会提出一些自己的观点，以此来征求客服的意见。如果这些观点跟客服的想法是一致的，或者观点本身对主题没有什么影响，那么客服只附和就可以了，如图2-6所示。

客服：您好，欢迎光临数码音响店，请问有什么需要帮助的吗？

客户：你好，我前几天在你们店里买了一对音响，收货时没有注意看，今天使用的时候发现音响的按钮坏了，能换吧？

客服：您好，我们所有的音响设备都是7天内无条件退换货的，您只要在收到货7天内有任何的不满意，都可以随时退换货。

客户：那我就放心了，看来你们店的服务确实不错。现在有很多店铺承诺无条件退换货，但到真正去退的时候，它们就找乱七八糟的理由不给退，是这样的吧？

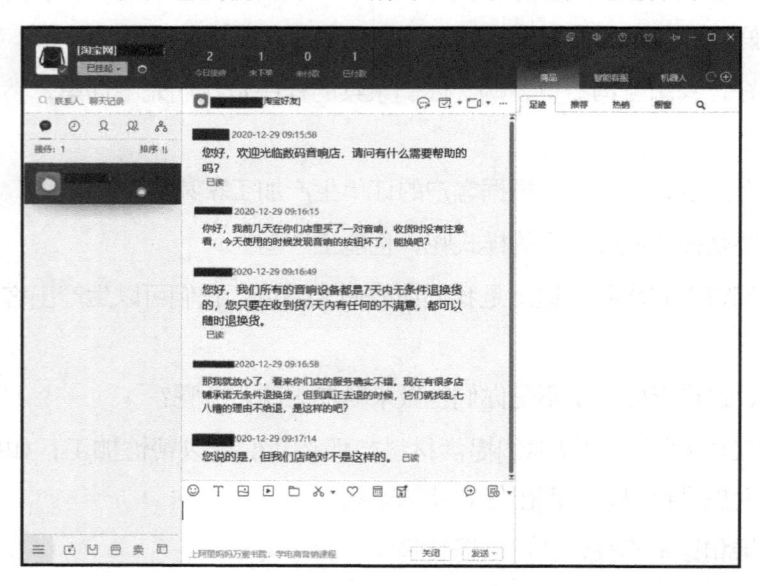

图2-6 附和式回答

客服：您说的是，但我们店绝对不是这样的。

客户：好吧，谢谢你，我马上再快递给你，麻烦你再告诉我一下你们店的地址。

客服：好的，您把货发到×××就可以。

客户提出了一个与主题无关的话题并征求客服的意见，客服只需随口附和"您说的是"即可。

提示与技巧

有时候客户提出问题并不是为了获得答案，因为双方都很清楚答案是什么，客户只是为了语言上的过渡或情感上的缓冲，这时客服应马上附和，会让双方之间的亲密感提升很多。

2.4 习题

1．填空题

（1）客服只有站在客户的立场上用心去_____，才能为客户提供满意的服务。沟通中的倾听技巧包括站在客户的立场上倾听、正确地回应客户、倾听客户的话外之音等。

（2）客服首先要学会_____，把自己当作客户，这样才能更好地理解客户遇到的问题，给客户提供良好的解决方案。

（3）_____是网店客服中的一个重要环节，如果不能处理好，会引发很多问题。

（4）客服在回答客户问题时，必须注重方法和技巧。常见的回答客户问题的方法有_____、_____、_____。

2．简答题

（1）沟通中的倾听技巧有哪些？

（2）重要信息怎样做好备注？

（3）客户咨询处理的流程？

（4）回答客户问题的方法有哪些？

第 3 章

客服售前打消客户的疑虑

对客户购买商品时的心理进行分析发现,多数客户对于自己想购买的商品,在某种程度上都抱有疑虑和抱怨。客户的疑虑和抱怨一般是因为其对店铺的服务和商品质量不满而产生的。如何巧妙地让客户打消这些疑虑,是客服的职责,也是成功交易的前提;否则只会使得店铺的客流量越来越少,销售业绩不断下滑。

知识导图:

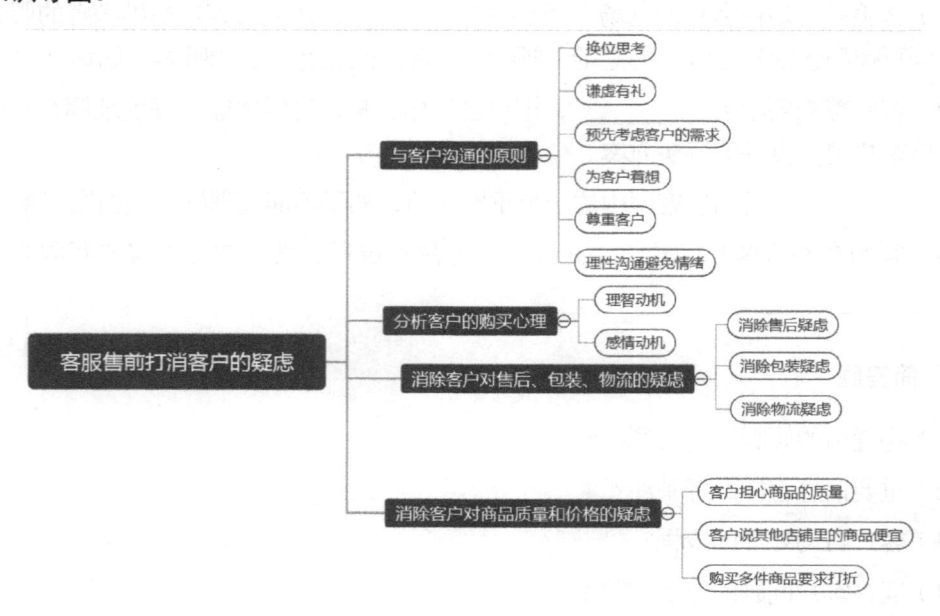

```
客服售前打消客户的疑虑
├─ 与客户沟通的原则
│   ├─ 换位思考
│   ├─ 谦虚有礼
│   ├─ 预先考虑客户的需求
│   ├─ 为客户着想
│   ├─ 尊重客户
│   └─ 理性沟通避免情绪
├─ 分析客户的购买心理
│   ├─ 理智动机
│   └─ 感情动机
├─ 消除客户对售后、包装、物流的疑虑
│   ├─ 消除售后疑虑
│   ├─ 消除包装疑虑
│   └─ 消除物流疑虑
└─ 消除客户对商品质量和价格的疑虑
    ├─ 客户担心商品的质量
    ├─ 客户说其他店铺里的商品便宜
    └─ 购买多件商品要求打折
```

学习目标：

- 熟悉与客户沟通的原则。
- 分析客户的购买心理。
- 消除客户对售后、包装、物流的疑虑。
- 消除客户对商品质量和价格的疑虑。

3.1 与客户沟通的原则

沟通是双向的，客户中什么样的人都有，素质、个性、修养等都有差别，客服只有做好自己，热情有度，不卑不亢，不断积累总结经验，练就自己良好的素质与沟通技巧，才能在与客户的沟通中做到游刃有余。

在网店经营中，客服与客户虽然不能直接面对面沟通，但客服在与客户沟通的时候，必须更加注意技巧；否则，客户流失的速度会比实体店还要快。下面讲述与客户沟通的原则。

3.1.1 换位思考

在与客户的沟通中，客服不要把自己摆在"我是客服"的位置上，而要把自己当作一位客户，或者把自己当作客户的朋友，这时客服的思路才能真正地贴近客户，才知道怎样去介绍商品。只有站在客户的角度来考虑问题，才知道怎样来牵引客户，客服的观点才能获得客户的认同。多一分宽容和理解，以和为贵，做好沟通，才能取得双赢。

新手客户会问很多问题，而且可能不是一天就能成交的。客服对此应持宽容态度，因为新手客户容易遇到很多问题，如忘记密码、网银操作不顺等。

3.1.2 谦虚有礼

"礼貌先行"是交朋结友的先锋。俗话说：要想得到别人的尊重，首先要尊重别人。客服在与客户沟通时要给客户留下良好的印象，让客户愿意与你沟通，所以，客服必须表现得谦虚有礼、热情有度，建立和谐友好的气氛。

如在使用旺旺交流时，在回复第一次来本店铺的客户的第一句话时，用语要客气，可添加表情，如一个笑脸，如图 3-1 所示。如果客服需要暂时离开旺旺，则要设置好旺旺自动留言信息，并且留言给客户自己会尽快回来回复；回来后要第一时间回复客户，表达歉意，并感谢客户的耐心等待。

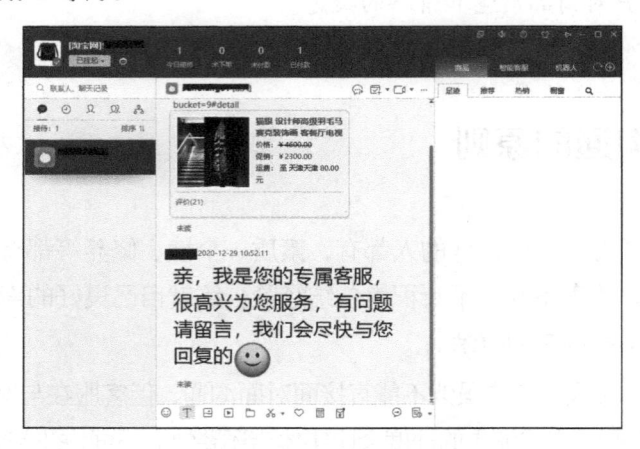

图 3-1 添加笑脸表情

3.1.3 预先考虑客户的需求

虽然每位客户的需求都不一样，但客户都有共同的购物心理，有共同的规律可循。

在网店经营中，客服要从商品图片的拍摄、商品说明及信息回馈等方面为客户考虑。必须保证快速回复客户提出的问题，如果实在来不急，则可以设置自动回复，或者留下其他联系方式，以免让客户感觉自己受到了冷落。

可以在阿里店小蜜中设置常见问答，如聊天互动、商品问题、活动优惠、购买操作、物流问题、售后问题、更多问题。

进入阿里店小蜜后台管理页面，在左侧导航中单击"问答管理"下拉按钮，选择"常见问答配置"选项，打开"全部知识"页面，单击"增加答案"按钮，如图 3-2 所示。

进入"答案编辑器"页面，针对客户咨询的问题编写图文答案回复，如图 3-3 所示。

第 3 章
客服售前打消客户的疑虑

图 3-2　单击"增加答案"按钮

图 3-3　编写图文答案回复

提示与技巧

为客户服务不仅要为客户解决问题，而且要给予客户愉快的心情，使客户的购物过程变成一个享受快乐的过程。

3.1.4 为客户着想

只有设身处地地为客户着想,从客户的角度看待商品的说明、商品的种类、各项服务等,才能节省客户的时间,让客户感到满意,为客户提供便利快捷的服务,如图3-4所示。

如中老年服装店,虽然真正的使用者是中老年长辈,但客户却大都是年轻人。很多年轻人在网上给长辈们买衣服,但其并不知道该给长辈们选择什么尺码,一般只会报一个大概的身高/体重。这时客服可以根据一般标准给客户介绍一个适合的尺码,同时强烈建议客户确定好尺寸再来购买。很多人不知道怎么量衣服尺寸,商家可以在每件衣服的商品描述页面添加简单明了的图表加以说明。

客户在购买商品后,满足了其购物需求,但在购物的过程中,会遇到了一些意外的问题,这时客服就要为客户着想,提供一些额外的服务,以增进网店与客户之间的关系,树立店铺和品牌形象。

在客户提问的过程中,客服不要打断客户,对于客户的提问要及时、准确地回答。要想领会客户的意图,抓住客户的心理,客服可以在与客户交谈过程中查看客户的信用评价或其发的帖子。在一般情况下,从信用评价及其购买的商品中大致能了解客户是一个怎样的人,然后针对不同的对象做出不同的反应、提供不同的服务。事实上,许多客服并不了解客户的需要和期望,不了解客户迫切需要的是什么样的服务,所以沟通结果往往不理想。

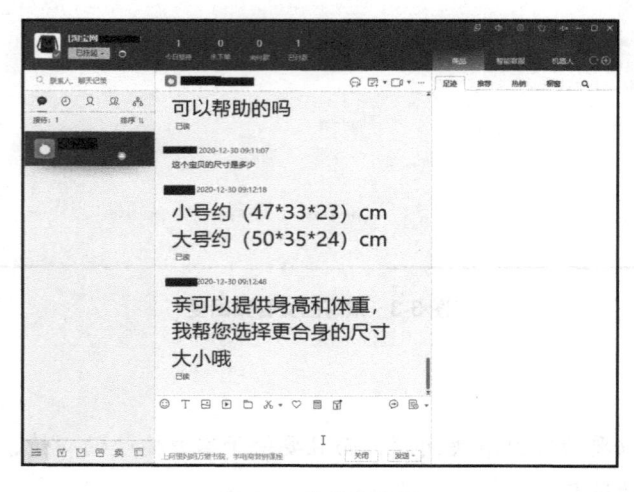

图3-4 为客户着想

3.1.5 尊重客户

客服在与客户沟通的过程中,要尽力让客户感受到被尊重,让客户有一种存在感,感觉到客服是在全心全意地为他考虑问题。从接触到客户的那一刻起,客服就应竭尽所能地使其成为本店的忠诚客户,因此,对客户发自内心的尊重是客服的首要任务。

想让客户满意,客服不仅要被动式地解决客户的问题,更要对客户的需要、期望和态度有充分的了解,把对客户的关怀纳入自己的工作和生活中,发挥主动性,为客户提供量身定做的服务,真正满足客户的被尊重感和存在感,不仅要让客户满意,还要让客户超乎预期地满意。

提示与技巧

用耐心、真心、诚心打动客户,提供认真热情、细心周到的服务,让客户感到温暖、愉悦,促使他们再次光顾本店铺。

客服要始终坚持客户至上的原则,以百分之百的耐心、真心、诚心做好每笔交易,让每位客户都能宾至如归,开心愉快地购物,这样创造回头客的概率就会增加,同时带来更多的效益,如图 3-5 所示。

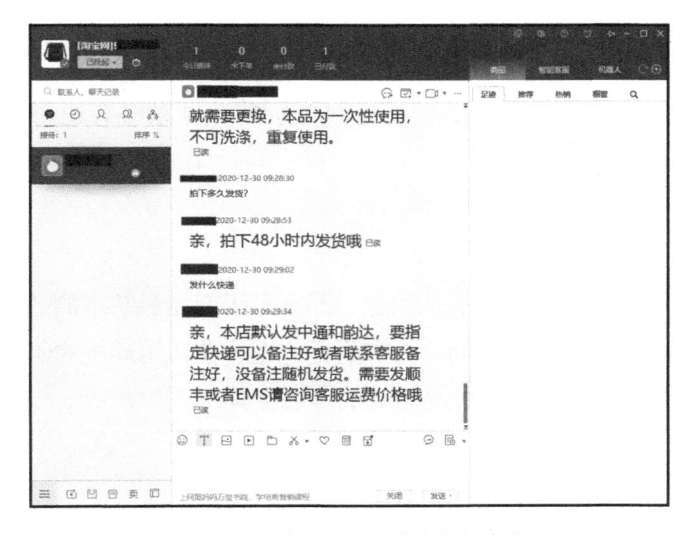

图 3-5 耐心、真心、诚心做好交易

3.1.6 理性沟通避免情绪

网店客服会遇到各种各样的客户：有的过于挑剔、有的对客服不太尊重等。这些都有可能在沟通过程中让客服的情绪爆发。那么客服此时需要的是理性与冷静。客服必须要有良好的情绪管理能力，方能顺利地与客户沟通并完成任务，建议客服尽量维持在以下的状态：心情愉快、心情稳定、乐观、理性沟通、就事论事。

客服在有情绪时也不要做出决定，因为带有情绪的沟通常常无好话，既理不清，也讲不明，很容易做出情绪性、冲动性的决定，导致事情不可挽回，令人后悔。

3.2 分析客户的购买心理

如果店铺里销售的商品能满足客户的需求，成交的概率就会大增。要想使销售量大增，还必须摸透客户的心理，这样才能"对症下药"。从购买动机来看，可以将客户的购买动机归为两大类：理智动机和感情动机。

3.2.1 理智动机

理智动机与人类基本需求有关，符合这种类别的典型动机有适用、经济、可靠、安全、美感、方便。

1. 适用

适用即求实心理，是理智动机的基本点，即立足于商品最基本的效用。客户在选购商品时不过分强调商品的美观悦目，而以朴实耐用为主。在适用动机的驱使下，客户偏重商品的技术性能，而对其外观、价格、品牌等的考虑在其次。

2. 经济

经济即求廉心理，在其他条件大体相同的情况下，价格往往成为左右客户取舍某种商品的关键因素。折扣券、拍卖之所以能牵动千万人的心，就是因为其抓住了客户的求廉心理。如图 3-6 所示，价格低的商品往往销量比较高。

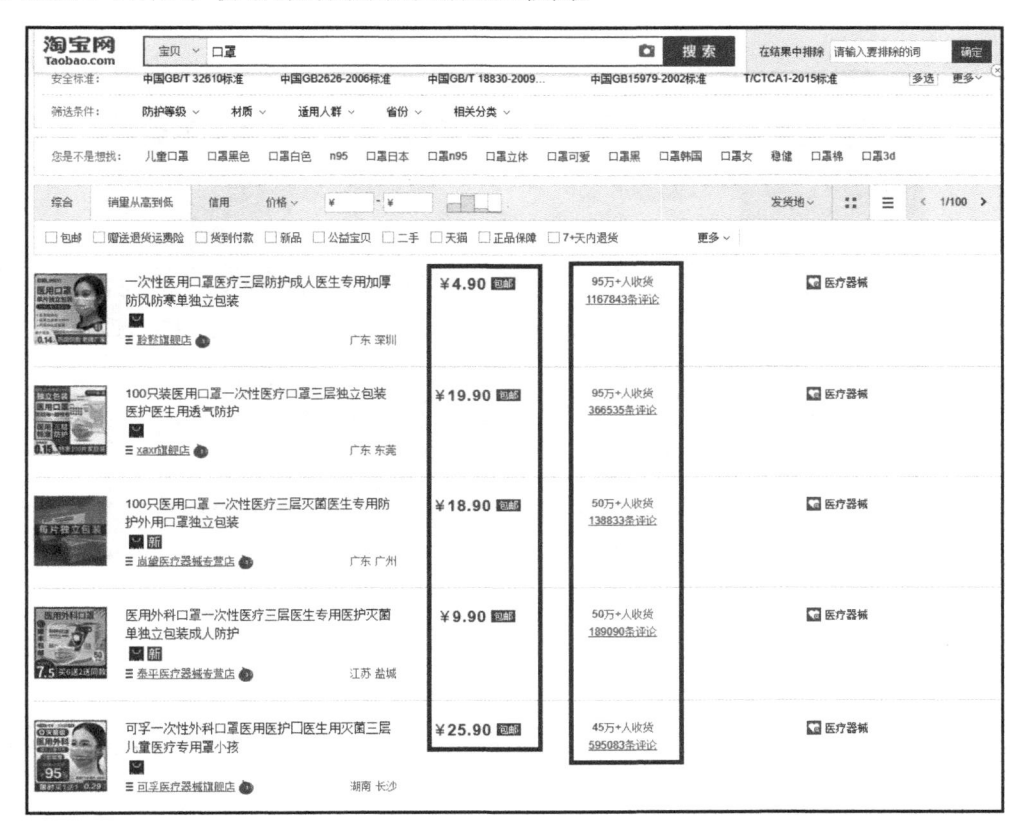

图 3-6　价格低的商品往往销量比较高

3．可靠

客户总是希望商品在规定的时间内能正常发挥其使用价值，"可靠"在实质上是"经济"的延伸。名牌商品在激烈的市场竞争中之所以具有优势，就是因为其具有上乘的质量。所以，拥有远见的商家总是会在保证商品质量的前提下打开其销路。

4．安全

随着科学知识的普及、经济条件的改善，客户对自我保护和环境保护的意识增强，对商品安全性的考虑越来越多地成为客户选购某件商品的动机。"绿色产品"之所以具有十分广阔的市场前景，就是因为其迎合了客户的这一购买动机。图 3-7 所示为健康环保的绿色产品。

图 3-7　健康环保的绿色产品

5．美感

爱美之心人皆有之。有些客户在选购商品时不以使用价值为宗旨，而更注重商品的品格和个性，强调商品的艺术美。

6．方便

省力省事无疑是人们的一种自然需求。技术复杂的商品，使用快捷、方便将会受到客户的青睐。只需按一下的"傻瓜"照相机及许多使用方便的商品之所以在市场上走俏，正是因为其迎合了客户的这一购买动机。

3.2.2　感情动机

感情动机不能简单地理解为不理智动机，它主要是社会和心理因素产生的购买意愿和冲动。感情动机很难有一个客观的标准，但大体上来自以下心理。

1. 好奇心理

所谓好奇心理，是指对新奇事物和现象产生注意与爱好的心理倾向，或者称为好奇心。古今中外的消费者，在好奇心理的驱使下，大多喜欢新的商品，寻求商品新的质量、新的功能、新的花样、新的款式。

2. 求新心理

客户在选购商品时尤其重视商品的款式和眼下的流行样式，追逐新潮，而对于商品是否经久耐用、价格是否合理则不大考虑。图 3-8 所示为新款商品。

图 3-8 新款商品

3. 从众心理

女性在购物时最容易受别人的影响。例如，许多人正在抢购某种商品，她们也极有可能加入抢购者的行列，或者她们平常就特别留心观察他人的穿着打扮，被别人说"好"的商品，她们很可能就下定决心购买；别人若说某商品不好，她们很可能就会放弃。

4. 攀比心理

客户在选购商品时，不是由于急需或必要，而是仅凭感情的冲动，存在偶然性的因素，总想比别人强，要超过别人，以求得心理上的满足。别人有了大屏幕彩色电视机、摄像机、金首饰，而自己没有，就不管是否需要、是否划算，也要购买。

5. 尊重心理

客户是商家的争夺对象，理应被商家奉为"上帝"。如果商家服务质量差，那么即使商品本身质量好，客户往往也会弃之不顾，因为谁也不愿花钱买气受。因此，客服应该真诚地尊重客户的经济权利，有时尽管商品价格高一点，或者质量有不尽如人意之处，客户感到盛情难却，也会乐于购买，甚至产生再次光顾的动机。

仔细分析客户的心理需求，察觉到客户想要什么，然后投其所好，便能大大激发客户的购买欲望。

6. 炫耀心理

客户在选购商品时，特别重视商品的威望和象征意义。商品要名贵，牌子要响亮，以此来显示自己地位的特殊，或者炫耀自己能力的非凡。这种心理多见于功成名就的高收入阶层，也见于其他收入阶层的少数人。他们是客户中的尖端消费群，其购买行为倾向于高档化、名贵化、复古化，几十万元乃至上百万元的轿车、上万元的手表等商品正是迎合了客户的这种心理。图 3-9 所示为高价手表。

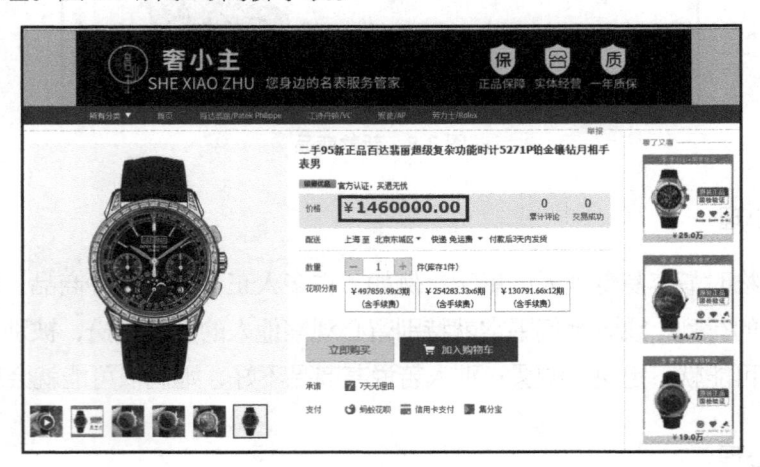

图 3-9 高价手表

3.3 消除客户对售后、包装、物流的疑虑

很多客户对网上购物存有疑虑，如售后、包装和物流问题等，应尽力消除客户心里的疑虑，把潜在客户变成真正的买家。

3.3.1 消除售后疑虑

有些客户可能对于售后服务有所疑虑，客服可以采取售前告知的方式来打消客户的这种疑虑。这种在售前将信息告知客户的方式主要有两种。

第一种售前信息告知方式是通过千牛，在客户咨询过程中，客服向客户传达店铺的售后信息，这样客户会更容易接受。

对心中有疑虑的客户，主动去说："感谢您对我们的信任，能到我们店里来，我们非常荣幸，同时也不会辜负您的信任，对于售后服务，我们保证，任何商品有问题都可以随时退换。您看还有什么问题吗？"

第二种售前信息告知方式是在商品描述页面或店铺的其他页面中添加售后服务政策。在店铺页面中添加售后信息，可以让客户产生信任感，客户看到这样的信息，自然可以打消疑虑。

如图3-10所示，网店用更直观的流程图告知客户店铺的退换货流程，让客户在短时间内了解所有的环节。客户对于纯文字信息的接受能力是比较差的，因此通过图片来传达信息会更加到位。

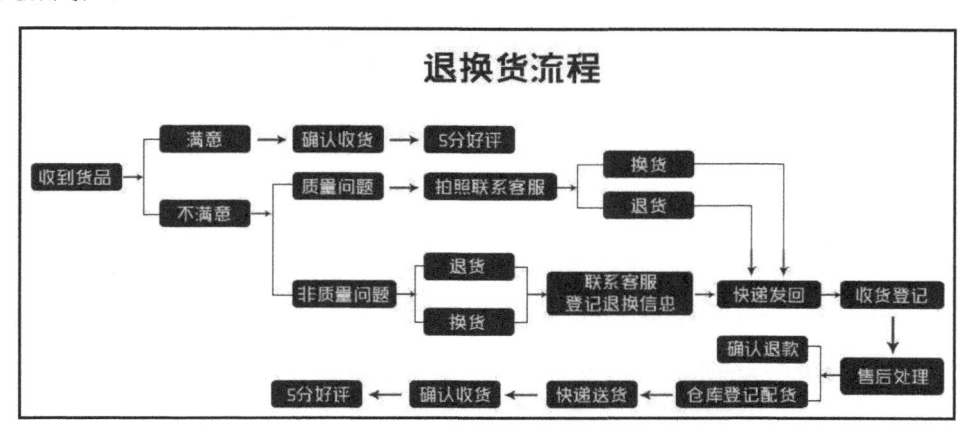

图3-10 告知退换货流程

3.3.2 消除包装疑虑

网上购物需要通过物流运输，客户才能拿到商品。包装是物流运输中必不可少的环节。商品在运输过程中难免会磕磕碰碰，质量差的包装容易在运输过程中破裂，导致商品被损坏，所以会有很多客户对这一环节极不放心。如图 3-11 所示，在商品描述页面中添加了包装信息，清楚地告知了商品的包装过程，以及防压抗震的包装设计，打消了客户对包装的疑虑。

但是要想在激烈的竞争中区别于对手，就需要花一点心思来完善或提升自己的商品形象，这就是商品的延伸价值。

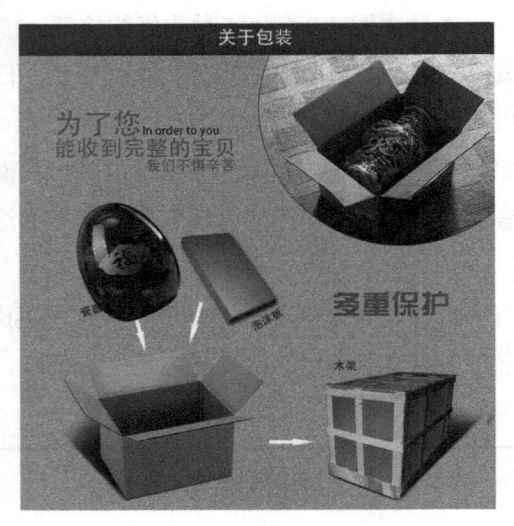

图 3-11 消除包装疑虑

1. 制作店铺名片

为你的店铺印制一张名片，给客户邮寄商品时塞进几张。一张设计得具有个性的名片可以让客户体会到你的用心，多寄两张名片给你的客户，很可能下一位客户就是他的朋友。名片上需要印制的基本内容可以包括店铺名、店铺网址、商家姓名、联系方式（电话、QQ、电子邮箱）、经营宗旨、经营范围等。

2. 赠送小礼品

在给客户邮寄商品时，用心的商家为了吸引回头客，一般都会随着商品给客户寄上一份小礼品。也许有人会问，有时一件商品还挣不到 2 元钱，浪费几毛钱的礼品是不是太不值得了。其实不然，花去的只是几分钱、几毛钱，可是换回来的也许就是客户的信赖。

3．问候小卡片

现代社会通信发达，人们的沟通方式已经从过去的信件、电话扩展到短信、电子邮件、视频等。很多人已经好多年没有收到过信件了。所以，在邮寄商品的同时，附送一张问候小卡片，必定会唤起很多人熟悉的感觉，增加客户对商家的好感。

4．商品使用小提示

许多人会觉得奇怪，还要用这个吗？这个几乎不增加成本的小东西非常能够体现商家的细腻，是让你拥有许多老客户的好帮手。例如，衣服的扣子是机器订扣的，容易掉，提醒客户拿到衣服时最好再把扣子重订一下；再例如，客户可能对一些专业器材不熟悉，所以最好配送一份商品使用说明。这样不但赢得了客户的好感，也可以减少很多接待咨询的工作量。

3.3.3 消除物流疑虑

选择一家好的物流公司对店铺来说很重要，如何选择物流公司成为新店铺成长为皇冠店铺路上重要的一步。不管采用什么运输方式，我们都要更多地考虑安全方面的问题。不管是买家还是卖家，都希望通过一种安全的运输方式把货物运到，如果安全得不到保障，就会引发一连串的问题，并且还会影响店铺的生意和信誉。

选择淘宝网推荐物流"在线发送订单"确认后，淘宝网客服将帮你通知物流公司上门取货。对于丢货的情况，赔付处理也会更及时，淘宝网会监督物流公司对投诉和索赔进行处理。

图 3-12 所示为使用淘宝网推荐物流查询运费和时效。

如图 3-13 所示，将物流信息传达给客户，解决了客户最关心的问题，这样的信息公示可以很好地消除客户对物流的疑虑。为了保证每位客户都能看到物流信息，建议把这些信息放入商品描述页面。

▶电商多平台客服实战
淘宝、京东、拼多多

图 3-12 使用淘宝网推荐物流查询运费和时效

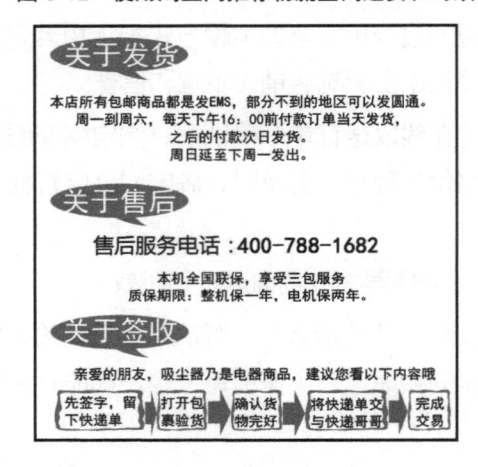

图 3-13 商品描述页面中的物流信息

在与物流公司打交道时，既能节省运费又能让商品尽快到达的问题备受广大客服的关注。下面介绍一些减少物流运输费用的妙招，希望对广大客服有所帮助。

1. 与物流公司的工作人员建立良好的合作关系

客服在与物流公司的工作人员打交道时应该与其建立良好的合作关系，因为物流公司是我们得以顺利完成交易的一座桥梁，没有物流公司的运输，我们的商品是无法投送到客户手中的，最终生意就无法做成。如果我们与物流公司的关系处理得不得当，那么我们与物流公司之间的沟通将会变得很艰难，更不用谈减少物流运输费用的问题了。

2. 与业务员砍价

物流公司的价格不是定死的，还有商量的余地。可以通过下面几种方法把价格压低。

- 直接找业务员砍价，不要找接电话的客服砍价。当然，也可以找物流网点的负责人砍价。
- 跟业务员说有很多物流公司的价格比他家的价格低，最好举出其他几家物流公司价格便宜的例子，促使其降价。

3. 不要只图便宜

有些物流公司的价格确实便宜，但这样的物流公司多数是联盟性质的小公司，速度慢不说，还会经常出现货物丢失或晚到的情况，并且根本查不到物流信息。

3.4 消除客户对商品质量和价格的疑虑

有些客户在网上购买商品时，总是对商品质量和价格有所疑虑。一方面，他们希望以优惠的价格获得高质量的商品。另一方面，当商品价格比较低时，他们又会觉得商品的质量可能存在问题，否则，商家也不会以这么低的价格出售。客服应广泛搜集与商品相关的资料，打消客户的疑虑。

3.4.1 客户担心商品的质量

质量是客户购买商品的关键因素，如果某件商品在客户看来质量是不过关的，那么，即便价格足够便宜，客户也可能不会下单选购。所以当客户对商品的质量有疑虑时，客服需要尽可能地消除客户的疑虑，否则，沟通很可能难以获得想要的效果。

处理好这个问题的关键是要取得客户的信任，让客户相信你所说的话。只是用简单、空洞的语言给客户介绍商品，是难以取得客户真正的信任的。例如，下面的空洞语言很难说服客户。

"您放心吧，质量没有任何差别。"

"都是同一批货，质量一模一样。"

"都是一样的东西，不会有问题。"

"都是同一个品牌，没有问题。"

当客户对低价商品的质量有疑虑时，客服通常可以从两方面消除疑虑。

1．说明低价原因

在客户看来，商家是以盈利为目的的，所以商家不可能无缘无故地降价甩卖。除非是商品质量有问题，商家急于处理。

因此，客服在与客户沟通过程中，如果没有对低价的原因进行说明，那么客户很自然地便会认为是商品质量有问题。所以，客服必须告知低价的原因，让客户觉得"便宜得有道理"。

2．做出质量保证

当客户对商品是否是正品有疑虑时，客服可以为客户提供验证方法，并承诺不是正品可以在限定时间内退货。甚至是打出"假一赔十"等口号，让客户对商品质量有信心。只要客服做出了保证，就可以很快消除客户的疑虑。

客服这时可以采用如下语言来回复客户的疑虑。

"您有这样的想法可以理解，不过我可以负责任地告诉您，虽然我们的这款商品是特价商品，但与其他商品都属于同一品牌，实际质量一样，而且现在的价格比以前要优惠得多，所以现在买真的非常划算！"

3.4.2 客户说其他店铺里的商品便宜

"货比三家"通常是指客户为了挑选最满意、最适合的商品，在一定范围内做一定程度的市场调研、咨询后做出购买决策的行为。市场经济发展越繁荣，货比三家的现象就越多见。

在网上销售商品的过程中，可能经常会遇到客户货比三家的情况，如有的客户会说其他店铺里的商品便宜之类的话。这当然是一个价格问题，但客服首先必须分辨出客户是真的认为你家的商品比其他店铺里的商品贵，还是故意为之，以此作为砍价的借口。

1．认真分析客户的语言

分析客户在拿你家店铺的商品与哪家店铺里的商品进行比较。如果客户拿大品牌的商品与小品牌的商品相比，那么客服就应向客户说明两者的价格是不能相提并论的，因为品牌的知名度和市场定位都不一样。

2．不要贬低其他店铺

如果自家店铺的商品好，那就没有必要通过贬低其他店铺来证明；如果其他店铺的商品好，那也没有必要贬低他人。因为往往在贬低其他店铺的同时也贬低了自家店铺在客户心目中的形象。

3．分析自己店铺商品的优势

把本店商品和竞争对手商品的各种优劣势进行详细比较，采用数据、证书等直观的方式，向客户说明店铺的状况和商品的定位、包装、质量等。

4．处理问题的方式

客服在处理客户的问题时一定要从容不迫、语气平和，整个过程都要保持自信，但不要自大,因为处理问题的方式往往比处理问题本身还重要。

5. 强调完善的服务

告诉客户自己店铺里的高价商品背后有着优于竞争对手的完善的服务体系,它是商家持久发展的重要保障。

"亲,那可能是真的,毕竟每个人都想以最少的钱买最高品质的商品。但我们这里的服务好,可以 7 天无理由退换货,产品可以提供三年保修,您在别的地方购买,没有这么多服务项目,您还得自己花钱请人来安装,这样既耽误您的时间,又没有节省钱,还是选我们这里比较恰当。"如图 3-14 所示。

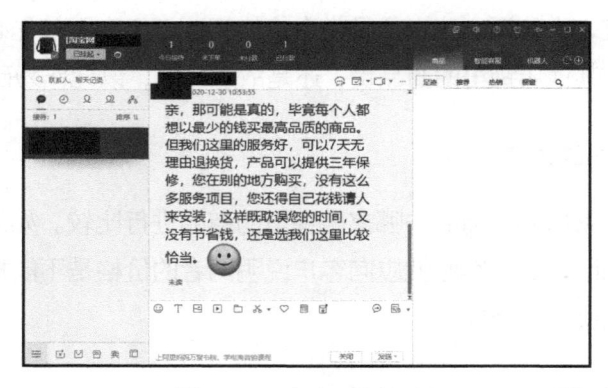

图 3-14 强调完善的服务

3.4.3 购买多件商品要求打折

如果遇到客户购买多件商品要求打折的情况,那么客服首先可以认同客户的感受,然后通过商品的不同之处、优越性及令人信服的质量保证等来说服客户,让客户知道物有所值。

如果客户不依不饶,则可以向商家申请或以附加礼品等方式来达成交易。一定要让客户感觉到我们已经在尽力帮他解决这个问题了,并且语气要真诚、态度要诚恳,这样即使最后没有对客户做出任何实质性的让步,客户也会明白你确实已经尽力了。很多客户其实并不一定是为了那点折扣,关键在于他要有一个购买的理由或台阶。

可以采用下面的语言回复客户。

"我非常理解你的心情，当然，谁都希望能以最低的价格购买到最好的商品。正所谓'一分钱，一分货'，主要是材料和做工的不同，贵的成本很高，但质量是过硬的。"

"这让我很为难耶，这样吧，我请示一下领导，看能不能给您一些折扣，不过估计有点难，请您稍等，我快去快回。"过一段时间后再回复，最好不要超过三分钟。

"还在吗？我刚才请示了一下我们领导，可以给您折扣的哦，但是收到宝贝满意的话给个评价哦！"或者这样："价格已经是利润低价在售了，这样吧，我做主给您多送点礼品，现在领导不在，等下领导回来的话我就送不了了。"

3.5 习题

1. 填空题

（1）要成为一个沟通高手，首先要学会成为＿＿＿＿＿＿＿的客服。当客户未问完时，不要去打断，对于客户的发问，要＿＿＿＿＿＿＿回答，这样客户才会认为客服是在认真听他说话，善于理解与沟通，让客户觉得被尊重，才会对店铺的商品感兴趣。

（2）只有动机出于对客户的＿＿＿＿＿＿＿，永远真诚地视客户为朋友、给客户以"＿＿＿＿＿＿＿"和"＿＿＿＿＿＿＿"，才是面对客户的唯一正确心态，才能赢得客户。

（3）＿＿＿＿＿＿＿是物流运输中必不可少的环节，商品在运输过程中难免会磕磕碰碰，质量差的＿＿＿＿＿＿＿容易在运输过程中破裂，导致商品损坏。所以会有很多客户对这一环节极不放心。

（4）选择淘宝网推荐物流"＿＿＿＿＿＿＿"确认后，淘宝网客服将帮你通知物流公司上门取货。对于丢货的情况，赔付处理也会更及时，淘宝网会监控并督促物流公司对投诉和索赔进行处理。

（5）"＿＿＿＿＿＿＿"通常是指客户为了挑选最满意、最适合的商品，在一定范围做一定程度的市场调研、咨询后做出购买决策的行为。

2．简答题

（1）与客户沟通的原则有哪些？

（2）客户购物时有哪些心理？

（3）怎样消除客户对售后的疑虑？

（4）怎样消除客户对包装的疑虑？

（5）怎样消除客户对商品质量和价格的疑虑？

第 4 章

说服客户达成交易

客服经常会碰到客户看中了店铺里的商品却迟迟不肯下单的情况。这时候，客服应想办法说服客户下单。"说"就是根据客户的兴趣点向客户介绍商品的优点，并在说服的过程中根据客户的反应调整推荐商品的方向。向客户推荐商品，不能教条式地罗列出商品的优点，这样只会让客户反感。只有适当地迎合客户的兴趣，才能事半功倍。

知识导图：

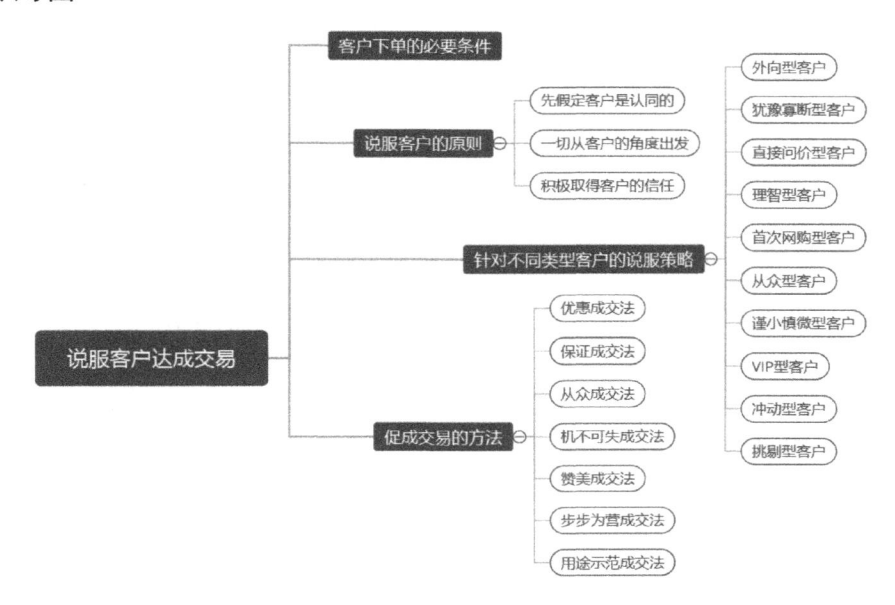

```
                                   ┌─ 客户下单的必要条件
                                   │
                                   │                   ┌─ 先假定客户是认同的
                                   ├─ 说服客户的原则 ──┼─ 一切从客户的角度出发
                                   │                   └─ 积极取得客户的信任
                                   │
                                   │                                      ┌─ 外向型客户
                                   │                                      ├─ 犹豫寡断型客户
                                   │                                      ├─ 直接问价型客户
                                   │                                      ├─ 理智型客户
                                   ├─ 针对不同类型客户的说服策略 ─────────┼─ 首次网购型客户
  说服客户达成交易 ─┤                                                      ├─ 从众型客户
                                   │                                      ├─ 谨小慎微型客户
                                   │                                      ├─ VIP型客户
                                   │                                      ├─ 冲动型客户
                                   │                                      └─ 挑剔型客户
                                   │
                                   │                   ┌─ 优惠成交法
                                   │                   ├─ 保证成交法
                                   │                   ├─ 从众成交法
                                   └─ 促成交易的方法 ──┼─ 机不可失成交法
                                                       ├─ 赞美成交法
                                                       ├─ 步步为营成交法
                                                       └─ 用途示范成交法
```

▶ 电商多平台客服实战
淘宝、京东、拼多多

学习目标：

♪ 掌握客户下单的必要条件。
♪ 掌握说服客户的原则。
♪ 掌握针对不同类型客户的说服策略。
♪ 掌握促成交易的方法。

4.1 客户下单的必要条件

客户怎样才能下单呢？下面介绍客户下单的必要条件。

1. 满足客户的需要

商品能满足客户的需要，客户的需要越强烈，客户越有可能下单购买。

2. 客户产生购买欲望

除了客户需要，客户还要有购买欲望；有了购买欲望，才能唤起客户的购买行为。

3. 必须了解商品

客户一般是了解商品以后才会下单，如果客户对商品一无所知，基本是不会下单的。

4. 客户的信任

客户的信任也是下单的必要条件之一。客服要取得客户的信任，包括对商品和店铺都要有强烈的信任感，如果没有取得客户的信任，那么客户是不会轻易下单的。

5. 解决关键问题

影响客户下单的因素往往集中在一两个关键问题上。客服应针对关键问题及时消除客户的疑虑。问题解决了，客户自然就会下单了。

6. 排除异议

客户不能下单的原因，有可能有异议，如价格异议、质量异议、服务异议、物流异议等。要灵活的排除客户的异议，客户才可能尽快下单。

7. 必须了解客户

客户感兴趣的是什么？他会提出什么样的反对意见？客户为什么会做出这样的购买决定？客服必须搞清楚这些问题，然后针对客户的情况采取对策，尽快促成客户下单。

4.2 说服客户的原则

客服说服客户的关键就是取得客户的信任，这要求客服从一开始就要营造出认同的氛围，从客户的角度出发，为客户着想，再理性分析、对症下药，站在专业的角度为客户出谋划策。

4.2.1 先假定客户是认同的

从谈话一开始，客服就应该试图营造一种说"是"的氛围，而不要形成一种说"否"的氛围。也就是不要把客户置于不同意、不愿做的位置，然后去批驳他、劝说他。例如，"我知道你不会买，可是你已经拍下了，还能怎样呢？"这样的说法客户往往是难以接受的。在说服客户时，客服要先假定客户是认同的，如"我知道您觉得这件商品挺适合您，只是还有点犹豫而已""这条裙子很适合您"等，从积极、主动的角度出发去启发、鼓励客户，帮助他提高信心，并接受自己的建议。

4.2.2 一切从客户的角度出发

要想说服客户，客服就要考虑到客户的观点或行为存在的客观理由，即设身处地地为客户着想，使客户产生一种"自己人"的感觉，这样说服的效果会十分明显。

客服一定要以真心、诚心作为服务宗旨，这是维护良好客户关系的基础。与客户的交易一定要追求双赢，在交易时要注意，不要把对客户没有用或并不适合客户的商品介绍给他，也不要让客户花多余的钱，要尽量减少客户不必要的开支。即使没有交易成功，多交一个朋友，收获也不小。

提示与技巧

只有从客户的角度出发，才能理解客户的真正顾虑，找到问题的真正原因，知道从哪里入手说服客户；才能用客户的思维方式考虑问题，说出客户的想法，帮助客户做出决策。

4.2.3 积极取得客户的信任

客服在说服客户的时候，最重要的是取得客户的信任。只有在客户相信客服之后，他才会正确地、友好地理解客服的观点和理由。社会心理学家认为，信任是人际沟通的"过滤器"，只有对方信任你，才会理解你友好的动机；否则，即使你说服他的动机是友好的，也会经过"不信任"的"过滤器"变成其他意图。因此，在说服客户时取得客户的信任对客服来说是非常重要的。

信任是客服说服客户的关键，只要取得了客户的信任，说服工作就会事半功倍；相反，如果客户不信任客服，说服工作就是无效的。

从客户的角度出发，站在客户的立场上考虑问题，是取得客户信任的前提。只有这样，才能想客户之所想、急客户之所急，最终取得客户的信任。

提示与技巧

在沟通中，客服友善的态度、饱满的工作热情也有助于取得客户的信任。客服要注意和客户保持长期关系，要知道信任感是可以积累的，这有利于以后的服务工作。

4.3 针对不同类型客户的说服策略

网店客服会遇到形形色色的客户,如外向型、犹豫寡断型、理智型等。无论遇到什么类型的客户都需要用心对待,针对不同类型的客户掌握不同的说服策略。

4.3.1 外向型客户

外向型客户一般做事情很有自信,凡事亲力亲为,不喜欢他人干涉。如果他意识到做某件事是正确的,就会积极地去做。遇到此类的客户,客服要先赞同其想法和意见,不要争论。在向他们推荐商品或服务时,要让他们有时间说话,研究他们的目标与需要,注意倾听他们的心声。

"喜欢就尽快拍下哦,有任何问题都可以咨询我。您看的这款电脑是全网热销商品,评价和销量都是非常不错的哦,本店也是正规旗舰店,您可以放心付款。"

4.3.2 犹豫寡断型客户

有的客户在客服对商品进行了解释说明后,仍然犹豫寡断,迟迟不能做出购买决定。对于这类客户,客服要极具耐心,并多角度地强调商品的特征。在说服过程中,客服要做到有理有据、有说服力。

这类客户犹豫不决,客服要想方设法促成客户下单,如"店里的打折优惠马上就要结束了"等,让客户感觉机不可失,从而下单,如图4-1所示。

"您有哪些顾虑呢?方便告诉我一下吗?我们现在是活动价,是限量限时的,明天就没有这个价格了,错过了是很可惜的。"

"还在考虑什么?真心不想您错过这么好的商品和这么优惠的价格,现在库存不多,喜欢的话不容错过啦。"

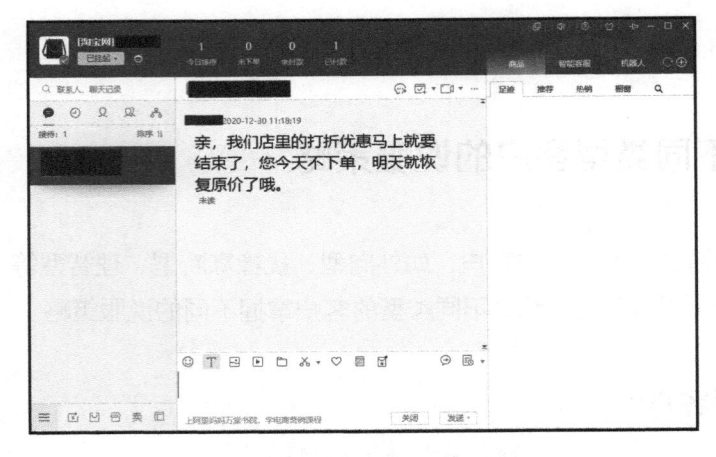

图 4-1 回复优柔寡断型客户

4.3.3 直接问价型客户

直接问价型客户一般已经看中了店铺的商品，只是为了确定货源、价格及运费。针对他们的问题，客服一定要以最快的速度回答，并且回答要清楚，不能含糊不清，不可拖拉，否则可能会因此而流失性急的客户。当然，也有一些问得特别细致的客户，想在成交之前把商品的相关性能了解清楚，这时客服就更需要耐心且详细地回答他们的问题。不能因为客户的问题太多而爱搭不理，这样的客服会让客户不敢信任，自然很难达成交易。

"您好！欢迎光临 XXX 官方旗舰店，我是客服 XXX，很高兴能帮您解决商品选购和疑问，请问有什么可以帮您的？"

4.3.4 理智型客户

理智型客户的特点是原则性强、购买速度快、确认付款也快，这类客户购买商品比较理智。他们关注的重点是商品本身的优缺点和自己是否需要，一旦商品的优缺点在自己的接受范围内且自己需要，就会购买。这一类客户是我们最喜欢的。

这类客户在购买前多数心中已有了定论，面对这种客户，客服要用自己的专业知识来分析商品的优劣势，帮助他们做出理性购买决定。不能强行向这类客户推销，很容易引起他们的反感。对待这类客户，客服应详细介绍商品的各种特性和优点。

"这款是我们家的热销商品，口碑很不错的，纯天然，我们是官方旗舰店，正品有保障，有什么不明白的可以问我。"

"我们的商品质保 XX 年，质保期间内，非人为损坏的情况，有任何问题，随时可以联系我们处理。"

4.3.5　首次网购型客户

首次网购型客户最害怕的就是上当受骗，因为没有经验，所以很多新手客户对购物的流程并不是很了解。在拍下商品之后，他们在付款时往往会有很多不明白的地方，一般会向客服询问，客服一定要耐心地解答。如果客服自己也不清楚，则应该帮客户一起想办法解决，并告诉他不用着急。这样做会让客户感觉我们很可靠，不是一心只想着赚钱的商家，也就愿意和我们交朋友。

"您好，这边还没有看到您下单成功，您下单是遇到什么问题了吗？有什么可以帮您的吗？"

"您的眼光真好，不知道是什么原因没有完成付款呢？有没有需要我这边帮忙的呢？有疑问可以直接问我，我随时为您解答。"

4.3.6　从众型客户

从众型客户的表现是当他看到许多人抢购某种商品时，尽管其并不一定真正了解该商品的优点或自己是否需要，却仍会身不由己地加入到购买者的行列中去。这类客户非常在意周围人对商品的评价，所以他们的购买决定常受他人意见的左右。

既然这类客户的购买决定易受外部环境的影响，那么客服就要用积极的态度，给予客户强有力的正面暗示。遇到这类客户，客服要抓住客户的这种心理，来说服客户下单。这种技巧的典型做法之一，就是告诉客户这款商品"销量全国领先"时做到具体化。还要说出卖了多少件，以便客户对商品销量有更直观地了解。

"亲，您太有眼光了！您看中的 XXX 冰柜已经连续十六年保持冷柜销量全国领先的纪录。相信，这款 XXX 冰柜将会给您带来惊喜！"

淘宝网还提供了一个"买家秀"功能，很多店铺专门把"买家秀"作为一个页面展示出来，在增强客户信心的同时，也能达到很好的口碑宣传的效果。

买家秀是客户尽情展示淘宝网购物体验和心情故事的地方。客户不仅可以通过文字或图片自由地展示所购买商品的质量和外观，还可以写下购物心得和商家提供的服务质量等问题。同时，买家秀也是商家和客户之间的一种互动宣传方式。图4-2所示为买家秀。

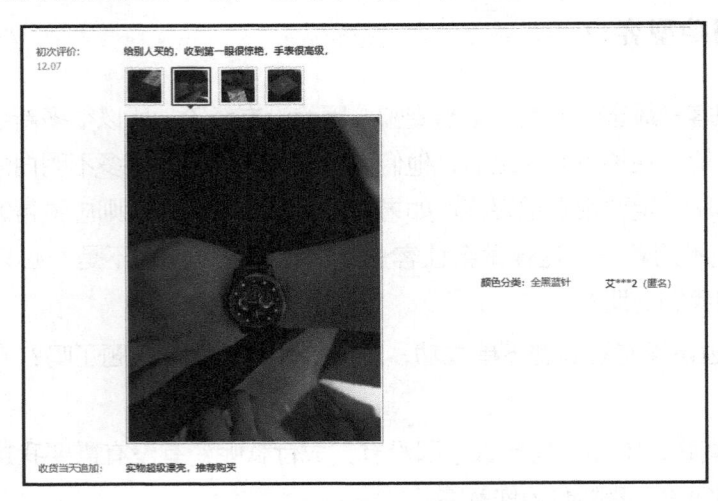

图4-2 买家秀

4.3.7 谨小慎微型客户

谨小慎微型客户是比较精明的，他们注意细节，思考缜密，决定迟缓，并且个性沉稳、不急躁。这类客户通常疑虑重重，他们很谨慎，在挑选商品的时候很慢，比较拿不定主意，还可能中断购买，甚至买了之后还害怕自己上当了。

对于这类客户，客服无论如何一定要想办法让他信任自己，否则他是不会做出购买决定的。不过，一旦赢得了他们的信任，他们就会非常坦诚。

客服在和这类客户沟通的时候，多使用一些笑脸的表情，把客户当成朋友，从而排除客户的紧张情绪，尽量让客户放松下来。然后再向客户中肯地介绍店铺的商品，注意不要夸大其词，否则会适得其反。另外，也可以通过一些有力的证据向客户证明自家店铺的实力。

"亲，您真有眼光，这款商品是我们店铺畅销款，您看一下这款商品的销量就知道了，2020年销量达到3万件。"

4.3.8 VIP型客户

VIP型客户通常非常自信，认为自己最重要，自己的看法全部正确，往往给人一种目中无人的感觉。他们是自己世界里的统治者，因此在购买商品时一旦感觉到客服轻视他，他们的抵触心理就会很强烈。

对待这类客户，要尽量顺从他的意见。当这类客户自诩内行的时候，客服一定要沉住气，让客户畅所欲言，尽量表示赞同，鼓励其继续说下去，客户"得意忘形"的时候便是最佳的推销时机。另外，给予他们VIP称号也是一个不错的主意。当这类客户享受到店铺提供的专项服务及购物的优惠方案时，他们更容易产生满足感，进而下单购买。给予符合某种条件（如购物满100元）的客户某种VIP称号，能够有效地吸引客户重复购买。

"感谢您对XXX的喜爱，您是我们的VIP客户，现在下单后，满XXX元可以享受9折包邮服务。15:40之前付款还可以今天给您发货。"

4.3.9 冲动型客户

冲动型客户指在某种急切的购买心理的支配下，仅凭直观感觉与情绪购买商品的消费者。通常表现为，事先没有任何购买意愿，完全凭借一种无计划的、瞬间产生的、强烈的购买欲望，一切以主观感受为主，新商品、新服务项目对他们的吸引力较大，以年轻人居多，是一种突发性的行为，事后却发现根本不需要它。冲动型客户容易受到情绪因素的影响，对打折、促销、广告等因素毫无抵抗力，其实就是一种感性消费。

由于这类客户在选购商品时易受商品外观和广告宣传的影响，所以毫无疑问，做好商品的描述和店铺装修就成了网店经营的重头戏。人的信息量80%来源于视觉，就算不是冲动型客户，也喜欢逛装修精美的店铺。

面对这类客户，客服首先要提醒他们是否看清了商品描述。其次，在店铺装修和商品描述页面中不能有欺骗客户的成分，因为这类客户通常都是由广告的效果引来的流量，所以一定要在商品描述页面中写清楚商品图片是否与实物有差距。

4.3.10 挑剔型客户

挑剔型客户一开始就怀疑客服，不管客服介绍的情况是否属实，他都会认为客服在骗人。对待这类客户，不要加以反驳，也不应抱有反感的心态，而是要耐心地沟通。

对于难缠的客户，并不是要"对抗"，而是要"消除、解决和合作"，将最难缠的客户转化为最忠实的客户。应对方法是展示优点、扬长避短。

"虽然您不喜欢这件商品的款式，但是比起外观，功能才是最重要的，不是吗？"如图 4-3 所示。

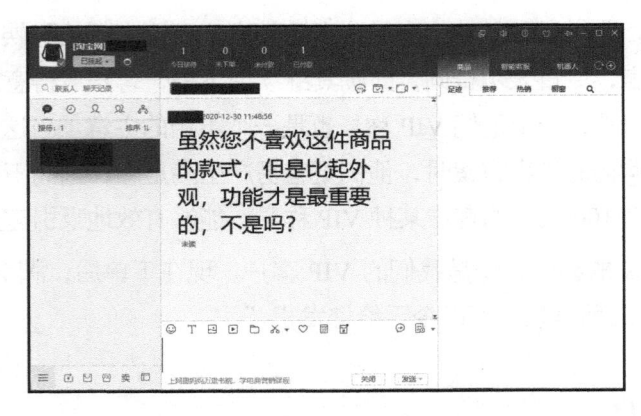

图 4-3　回复挑剔型客户

4.4　促成交易的方法

下面介绍促成交易的方法。

4.4.1　优惠成交法

优惠成交法又称让步成交法，是通过提供优惠条件促使客户立即下单的一种方法。这种方法主要利用客户购买商品的求利心理，通过让利促使客户下单。这种方法能够增强客户的购买欲望，融洽买卖双方的人际关系，有利于双方长期合作。

这种方法尤其适用于销售某些滞销品，以减轻库存压力，加快存货周转速度。但是，采取优惠成交法，通过让利来促成交易，必将导致销售成本上升，如果没有把握好让利的尺度，则会减少销售收益。

在使用优惠成交法时，客服要注意以下 3 点。

- 让客户感觉自己是特别的，优惠只针对他一个人。
- 千万不要随便给予优惠，否则客户会提出进一步的要求，甚至我们无法接受的要求。
- 先表现出自己的权利有限，需要向领导请示。这样，客户的期望值就不会太高，即使得不到优惠，也会感到我们已经尽力，不会埋怨我们。

"对不起，在我的处理权限内，我只能给您这个价格，不过，因为您是我的老客户，我可以向领导请示一下，给您一些额外的优惠。但这种优惠很难得到，我也只能尽力而为。"

"商品选的怎么样啦？有不清楚的地方可以咨询我，本店所有商品都保证正品，您可以放心购买，现在的活动力度真的很超值，优惠力度很大。"

4.4.2 保证成交法

保证成交法是客服直接向客户提供成交保证来促使客户立即下单的一种方法。所谓成交保证，是指客服对客户所允诺担负的交易后的某种义务。保证成交法针对客户的疑虑，通过提供各种保证来增强客户的决心，既有利于客户迅速做出购买决定，也有利于客服有针对性地化解客户异议，有效促成交易。采用此方法必须"言必信，行必果"，否则势必会失去客户的信任。

1. 使用保证成交法的优点

- 可以消除客户的成交心理障碍。
- 可以增强客户成交的信心。
- 可以增强说服力和感染力。
- 有利于客服妥善处理与成交有关的异议。

2. 使用保证成交法的时机

- 当商品单价高昂，成交金额大，风险大，客户对商品不是十分了解，对其性能、质量没有把握，存在成交心理障碍，犹豫不决时，客服应向客服提供保证，以增强客户成交的信心。
- 客户对商品的销路尚无把握，或者在客户的心目中商品的规格、结构、性能复杂，这时客服应向客户提供保证，打消其疑虑。
- 客户对交易后可能遇到的一些问题还有疑虑，如运输问题、安装问题等，此时客服应通过提供保证，消除客户的后顾之忧，促使其尽快做出购买决定。

如下对话就使用了保证成交法与客户进行沟通。

客户："如果出现质量问题，怎么办呢？"

客服："我们的商品的生产过程是非常严谨的，不会出现问题。就算出现问题，在三包期内我们将马上给您退换货。"

4.4.3 从众成交法

从众成交法也称排队成交法，是客服利用客户的从众心理，促使客户立刻购买商品的一种方法。在运用此方法前，必须分析客户类型及其购买心理，有针对性地适时采用，积极促使客户下单。

从众成交法利用了客户的从众心理，可简化客服劝说的内容、降低劝说的难度，但不利于准确、全面地传递商品信息，对于个性较强、喜欢表现自我的客户往往会起到相反的作用。

提示与技巧

使用从众成交法时出示的有关文件、数据必须真实可信，采用的各种方式必须以事实为依据，不能凭空捏造、欺骗客户；否则，受从众心理的影响，不但不能促成交易，反而会影响店铺的信誉。

例如，客户看中了一件羽绒服，却没有决定是否购买。这时，客服可以告诉客户："您真有眼光，这是今年最为热销的款式，这一个月我们销售出去 2500 多件，有的客户觉得这款羽绒服非常好,还将其推荐给自己的亲朋好友。"如果客户还在犹豫,则可以说:"我们同事也有买这件,都说保暖、质量好。"这样,客户就很容易做出购买决定了。

4.4.4 机不可失成交法

机不可失成交法主要利用了人们"怕买不到"的心理。人们对越得不到、买不到的东西,越想得到、买到,这是人性的弱点。一旦客户意识到购买这种商品是难得的良机,那么他会立即采取行动。机不可失成交法通过给客户施加一定的压力,来敦促其及时做出购买决定。

机不可失成交法利用人们害怕失去原本能够得到的某种利益的心理,引起客户的注意,刺激客户的购买欲望,避免客户在成交时提出各种异议,把客户成交时的心理压力变成成交的动力,促使他们主动提出成交。

客服在使用这种方法的时候要注意以下几点。

- 限数量:主要表示"数量有限,欲购从速"。
- 限时间:主要是在指定时间内享有优惠。
- 限服务:主要是在指定的数量内会享有更好的服务。
- 限价格:主要针对要涨价的商品。

下面的对话通过限时间、限数量的机不可失成交法,让客户产生一种紧迫感,觉得如果再不买的话,就错过了最佳的购买机会,可能以后就没有机会得到了,从而促使客户果断地做出决定,使交易迅速达成。

"您看中的这款空调,现在参加 6.18 的抄底价优惠活动!参加活动的商品只有 100 台,而且活动仅限今日!您看中就赶紧下单吧,6.18 大促一年仅一次,错过等明年,现在购机支持 7 天免费试用。"

4.4.5 赞美成交法

每个人都喜欢听好话,可以说,没有人喜欢别人指责自己。即使是好朋友,当我们指出他的错误时,也需要善意地提醒,如果当众说出来,则会让他的面子挂不住,严重的时候可能会连朋友都没得做了。而对于赞美之词,一般情况下,人们都会乐于接受,即使赞美有些过头，往往也会"来者不拒"。

赞美成交法是客服以肯定的赞语坚定客户的购买信心，从而促成交易的一种方法。肯定的赞语对客户而言是一种动力，可以使犹豫者变得果断，使拒绝者无法拒绝。

在网络交易中，可以运用一些赞美的小技巧，让客户在购物的过程中不仅能买到自己中意的宝贝，也能收获一份好心情。更重要的是，这会让客户更加喜欢我们的店铺，加深对店铺的印象。如果客户对商品很满意，那么其最终会成为我们最忠实的客户。

"先生，您真是有眼光，这款是我们目前卖的最好的地板，很多客户都很喜欢。"

"您真是独具慧眼，您挑的这件裙子正是今年最流行的款式。"

要赞美客户，一定要从具体的事情、问题、细节等层面赞美。比如，可以赞美其问题提的专业或看问题比较深入等，这样会让客户感觉你的赞美很真实、真诚。

提示与技巧

客服由衷的赞语是对客户最大的鼓励，可以有效地促使客户做出购买决定。但是这种方法有强加于人之感，运用不好可能会遭到拒绝，难以再进行深入的交淡。

4.4.6 步步为营成交法

步步为营成交法需要牢牢抓住客户所说的话，来促使洽谈成功。这种成交技巧对成交有很大的好处。步步为营成交法要求一步一步地解决客户提出的问题，谈话尽量围绕客户的问题展开。

如果客户说："你这里的商品还不错，价格也实惠，但是我希望能够购买到一部经济实惠、款式时尚、功能齐全的手机，好像你这里没有这样的商品。"那么，客服可以马上回复："那我给您推荐另一款满足您需求的商品，并且价格同样实惠。"

一环套一环，这种方法的技巧就是牢牢抓住客户所说的话，来促使交易成功。运用这种方法，一般成交的概率比较大。

4.4.7 用途示范成交法

在向客户介绍商品时，免不了要介绍商品的用途，但这并不意味着仅仅罗列商品的用途，还需要进行演示。例如，利用摄像头现场示范或拍摄一些视频短片，往往会加深客户对商品的印象，使客户获得一种安稳的感觉，增加他们对商品的信任感。这样，客户一方面早已心动，另一方面体会到了商品的特点，就会毫不犹豫地购买。图4-4所示为视频演示用途示范。

图4-4 视频演示用途示范

4.5 习题

1. 填空题

（1）客服说服客户的关键就是取得客户的_____，这就要求客服从一开始就要营造出认同的氛围，从客户的角度出发，为客户着想，再理性分析、对症下药。

（2）_____客户的特点是原则性强、购买速度快、确认付款也快，这类客户购买商品比较理智。

（3）_____客户的表现是当他看到许多人抢购某种商品时，尽管其并不一定真正了解该商品的优点或自己是否需要，却仍会身不由己地加入到购买者的行列中去。

（4）_____客户指在某种急切的购买心理的支配下，仅凭直观感觉与情绪购买商品的消费者。

（5）_____又称让步成交法，是通过提供优惠条件促使客户立即购买的一种方法。

2．简答题

（1）达成交易的必要条件有哪些？

（2）简述说服客户的策略。

（3）简述说服各类客户的方法。

（4）说服客户下单有哪些方法？

第 5 章

淘宝客服销售技能

在网络交易过程中，客户和商家无法实现面对面交易，无法看到彼此的表情、肢体语言等，更无法听出对方的表达语气。在整个交易过程中，买卖双方只能通过文字、聊天表情来表述彼此的想法、需求等，这就对客服的语言沟通能力提出了较高的要求。一位具有专业知识和良好销售技巧的客服可以帮助客户选择合适的商品，促成客户的购买行为，从而提高店铺的转化率。

知识导图：

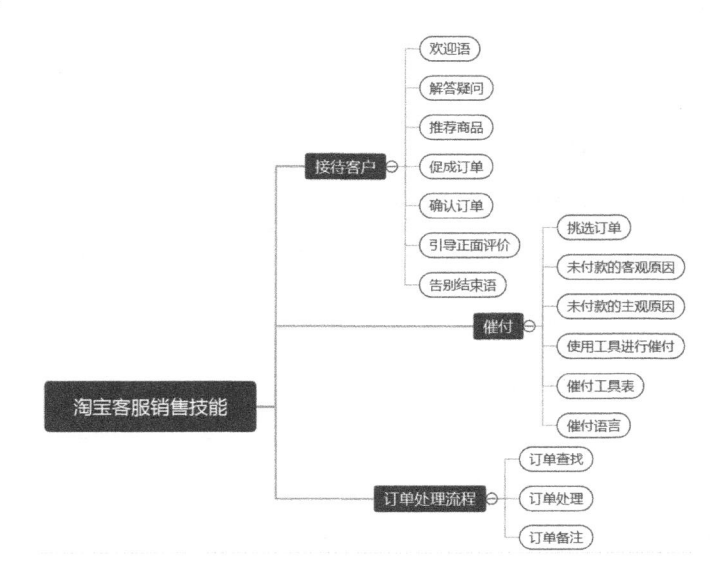

```
                         ┌─ 欢迎语
                         ├─ 解答疑问
                         ├─ 推荐商品
                接待客户 ─┼─ 促成订单
                         ├─ 确认订单
                         ├─ 引导正面评价
                         └─ 告别结束语
                         
                         ┌─ 挑选订单
                         ├─ 未付款的客观原因
                         ├─ 未付款的主观原因
淘宝客服销售技能 ─ 催付 ─┼─ 使用工具进行催付
                         ├─ 催付工具表
                         └─ 催付语言
                         
                         ┌─ 订单查找
                订单处理流程 ─┼─ 订单处理
                         └─ 订单备注
```

▶ 电商多平台客服实战
淘宝、京东、拼多多

学习目标：

- 掌握接待客户。
- 掌握催付。
- 掌握订单处理流程。

5.1 接待客户

接待客户是客服的主要工作，也是最重要的工作。在与客户的沟通中，客服获取客户需求，从而进行精准推荐，最终促成交易。

5.1.1 欢迎语

客服是网上开店过程中很重要的一环，尤其是欢迎语，往往直接影响店铺的第一印象。

当客户前来咨询时，客服回复说："您好，我是客服×××，很高兴为您服务，请问有什么可以效劳的呢？"这样的欢迎语让客户有一种亲切的感觉，如图 5-1 所示。不能只回复一个字"在"或"嗯"，这样会让客户感觉你很忙，根本没空理他。可以运用幽默的话语、动态表情来增添交谈的气氛，让客户感受到客服的热情和亲切，增加对店铺的好感，这对促成交易有很大的帮助。

客户首次咨询一定要快速地回复，一来可以及时帮助客户解决问题，二来可以让客户有一个良好的购物体验，能够让客户感受到自己得到了重视，对店铺产生信任感，自然很容易下单成交。如果因为客服不能及时回复而使得客户被迫另选商家，那么，对于网店来说，是很大的损失。

下面是常见的客服接待客户的欢迎语。

"您好，欢迎来到×××旗舰店，很高兴为您服务，有什么可以为您效劳？"

"您好，我是客服×××，很高兴为您服务，您刚才说的商品有货。"

"您好，欢迎光临本店，我是客服×××，请问有什么可以帮您？"

第 5 章
淘宝客服销售技能

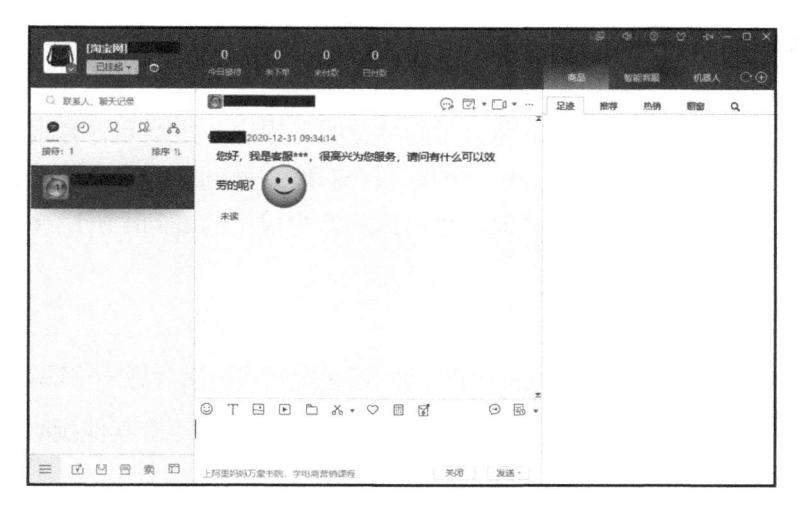

图 5-1 欢迎语

如果客服实在忙不过来，可以使用阿里店小蜜设置欢迎语自动回复客户。客户首次提问时，全自动机器人会回复欢迎语。

进入阿里店小蜜后台，单击"全自动接待"下的"设置"按钮，打开"欢迎语卡片设置"界面，可以进行欢迎语卡片设置，完成配置后单击"保存"按钮。如图 5-2 所示。

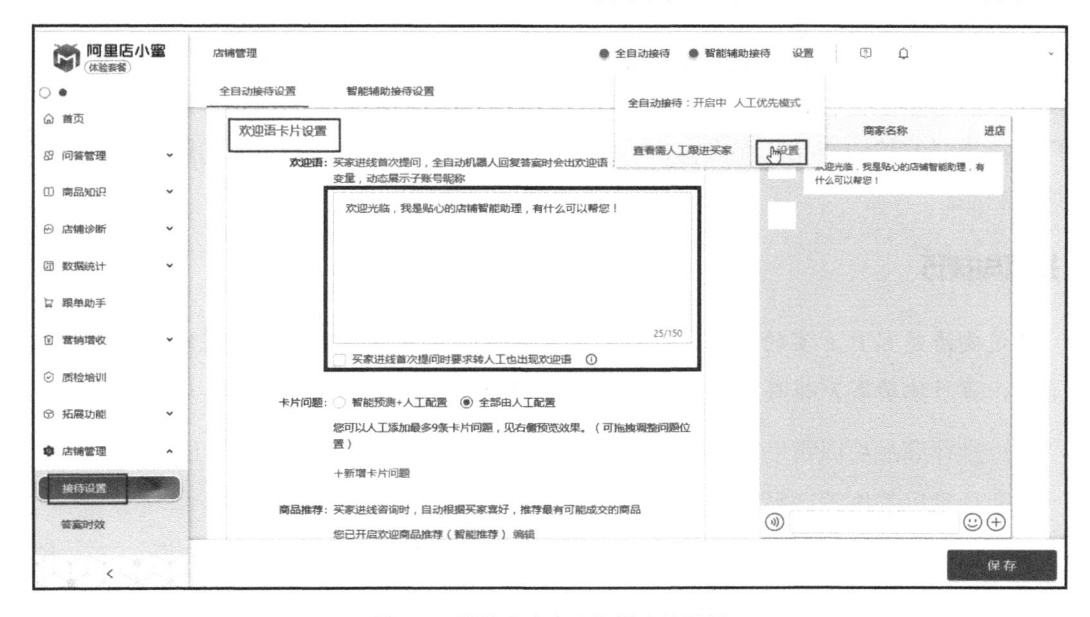

图 5-2 阿里店小蜜欢迎语卡片设置

5.1.2 解答疑问

在网上交易的过程中，客户难免会对商品及服务提出一些疑问，客服需要耐心解答客户的疑问，才能促成客户下单。优秀的客服会对客户做到有问必答，在解答客户提出的疑问时会存在一定的引导成分，同时也可以从客户提出的疑问中听出客户内心的其他想法。

下面是常见的解答疑问的语言。

"您考虑得怎么样了？有哪些方面的疑问？若有疑问我可以为您一一解答。"

"看到您一直未回复，有看好的商品可以直接下单，如果还有其他疑问需咨询，可以随时联系我！很期待为您服务！"

"我们的商品都是专柜正品，是实拍图，商品质量很好，而且本店已加入"假一赔十"，所以您尽可放心购买。"

5.1.3 推荐商品

网店客服除了要与客户沟通解答客户的各种疑问，还要学会推荐店铺的商品，把适合商品推荐给客户。如果客户看上了店铺里某一款商品，一般会先咨询客服一些问题，如果这款商品没有货了，客户就会很遗憾的离开。但如果这时客服主动询问客户的要求，再向客户推荐类似的其他商品，那么客户可能就不会离开，甚至还会因为你的热情和专业，购买其他商品。

💡 提示与技巧

一定要清楚客户真实的想法，这样才能更好地推荐商品给客户，如果客服什么情况都不了解，盲目地给客户推荐商品。可能会因为你的无知和盲目，流失掉客户资源。

通过推荐商品可以帮助客户快速锁定所需商品，提高服务效率，促进成交。

下面是常见的推荐商品的语言。

"不知道您喜欢的是哪种风格的×××，您告诉我，我可以帮您一起看一下，给您一些推荐！"

"这款经典吊扇与您刚才看的那款功能和价格差不多,这款吊扇叶片厚实,运转更平稳。纯铜线圈更耐磨更耐用。电机保用 10 年,双滚珠轴承,高品质电容,现在活动价格非常优惠,而且还有超值礼品。"

阿里店小蜜作为智能客服,对于店铺来说是非常方便的。阿里店小蜜商品推荐功能可以设置系统搭配推荐或人工搭配推荐。当客户发送一个商品链接时,客服可以设置推荐其他搭配商品,建议客户一起购买。这样能够大大提高关联销售,带动全店销量。

进入阿里店小蜜后台管理页面,在左侧导航栏中选择"智能商品推荐"选项,在页面中将"商品推荐"设为"开",开启商品推荐功能,在"欢迎语商品推荐"中单击"开启"单选按钮,"推荐方式"中单击"智能推荐"单选按钮,如图 5-3 所示。

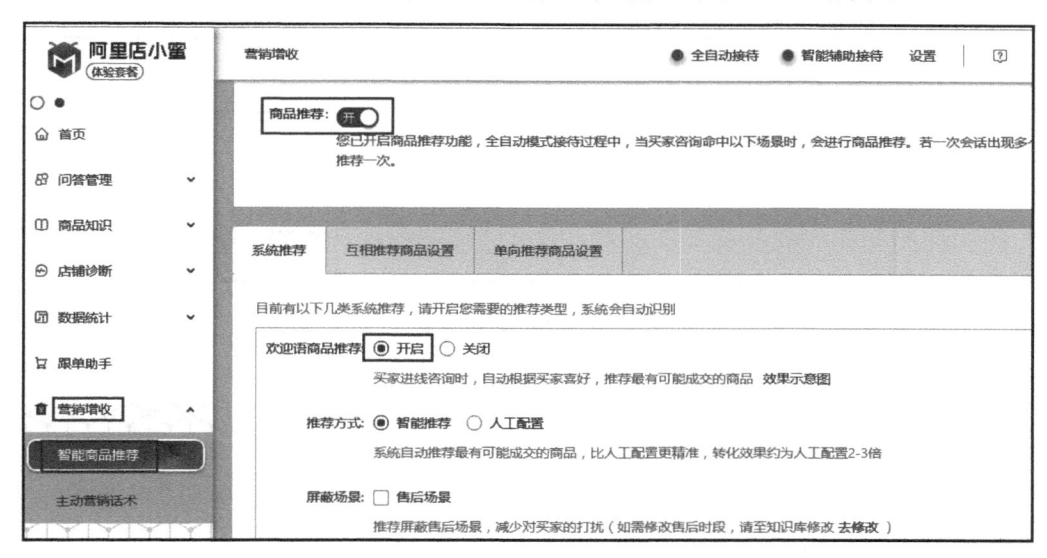

图 5-3 开启"欢迎语商品推荐"

当客户在线咨询时,阿里店小蜜会根据客户喜好,自动在欢迎语内推荐最有可能成交的商品,如图 5-4 所示。

开启"求购推荐",在"求购推荐"中单击"开启"单选按钮,智能识别客户的求购意图进行个性化推荐,单击"保存"按钮,如图 5-5 所示。在客户明确表达"有什么 XX(商品名)推荐"的求购意图时,阿里店小蜜会根据客户在对话中表达的商品及商品属性、客户的喜好,自动生成商品推荐理由和商品。

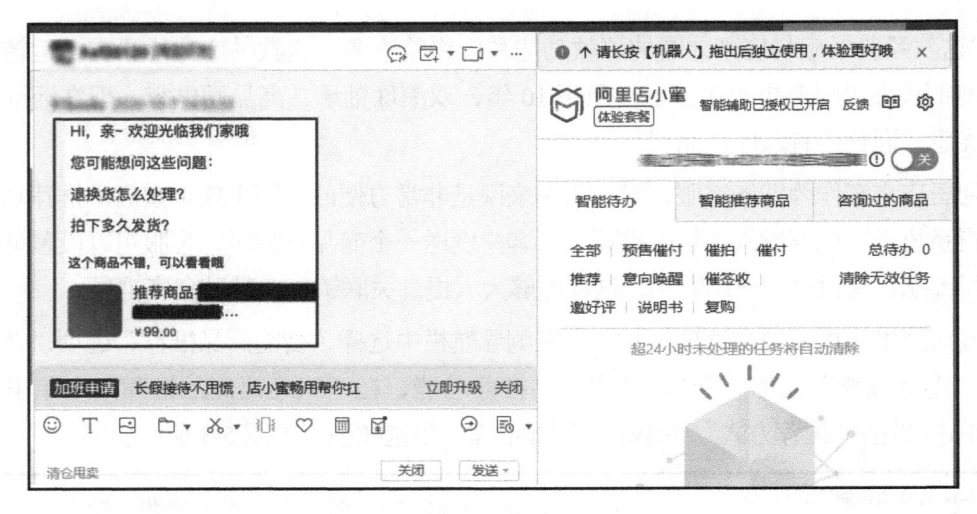

图 5-4　欢迎语内推荐商品实例

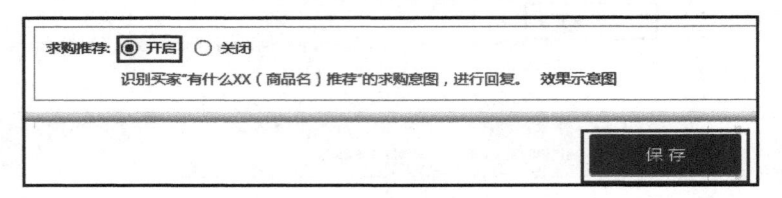

图 5-5　开启"求购推荐"

5.1.4　促成订单

客户能否快速下单对店铺的影响也很大。从店铺营销方面来讲，客服应该想方设法地让客户减少思考的时间，快速做出决定。

在促成订单流程中，客服经常会遇到客户议价、索取礼品、商品真伪识别等情况；同时，店铺是否拥有完善的售后服务保障制度和安全快速的物流运输体系等方面，也是在此流程中客户所普遍关注的。

在促成订单的最后环节，客服还可以就客户对物流运输产生的疑虑加以明确，告知客户自家店铺与多家物流公司合作，在条件允许的情况下，可以按照客户的喜好优先选择物流公司。还可以大致说明客户所选的物流运输时效，不要把物流运输时效说得太死，防止后续因特殊原因造成物流不能在双方规定的时间内到达而产生不必要的麻烦。毕竟在整个交易过程中，物流是交易双方都无法把控的一个环节。

下面是促成订单时常用的语言。

"这款商品的销量很好，我们也不能保证一直有货，需要的话还请您尽快决定。"

"亲，如果您现在购买，还可以获得×××礼品。活动期间才有这样的优惠……否则会很可惜。"

"建议您看中了及时下单，避免手慢无货，今日促销的价格已是最低价了，还享受30天价保，保证您的利益不受损，时间有限，先到先得。"

当准客户一再出现购买信号，却又犹豫不决拿不定主意时，可采用"二选其一"的问话技巧。比如，可对客户说："请问您要浅灰色的还是黄色的呢？""二选其一"的问话技巧，只要准客户选中一个，其实就是你帮他拿主意，下决心购买了。

5.1.5　确认订单

经过客服的用心接待，当客户下单以后，客服应该与客户确认订单。有些客服会忽略这个动作，认为客户已经下单了，没必要再多做服务，似乎销售目的已经达成。

其实，确认订单可以避免很多售后问题。为了体现客服在销售过程中全面、周到的服务，避免出现不必要的售后问题，客服需要对每笔付款订单进行再次确认。确认订单这个环节有两个重要的作用。

（1）减少因收货地址错误而产生的拒收情况。很多客户有不止一个收货地址，很可能由于时间仓促选择了错误的收货地址。如果系统默认收货地址是单位地址，而客服没有跟客户确认，那么很有可能会因收货地址错误导致无人签收。如果客服能够跟客户确认一下收货地址，就会大大减少这种出错的概率。

（2）这有可能是商家举办的促销活动，价格优惠的商品库存不多，客户下单的时候都比较急，经常会选错尺码、颜色、商品数量，这时候确认订单就非常有必要了。

应该确认的订单信息有客户购买的商品是什么、规格尺寸、颜色、购买数量，以及客户的收货地址、收货人姓名、联系电话。如果客户有特殊的要求，如要求发某物流、赠送某礼品、写贺卡（鲜花、蛋糕等），那么客服除了要确认收货人信息，还要确认客户的特殊要求。

> **提示与技巧**
>
> 在确认订单的时候，客服一定要事先告知客户退换货的条件，如果事先没有讲清楚，则很有可能会导致纠纷。

在服务中多一点细心、耐心，便可大大减少退换货等售后问题的出现。所以，客服不要贪图一时方便而漏掉工作中的环节，给自己日后的工作带来更多的麻烦或不可弥补的错误。

下面是确认订单时常用的语言。

"请问，是按照下面提供的地址为您发货吗？"

"您购买的×件商品，白色裙子已经付款，我会及时安排您的商品发出，请在2~3天内手机处于接通状态，方便物流业务员将商品及时、准确地送到您的手中，谢谢合作！"

"非常感谢您对我们店铺的惠顾，您的热情诚恳让我感动，我们下午就安排发货，请您注意查收。不要忘记对我的服务进行评价，您的鼓励是我前进的动力！"

"您好，我已经看到订单全部付款了，如果不添加商品，半小时后就开始打包了，商品将在今天下午统一发货，请您放心。"

5.1.6 引导正面评价

在网络交易中，存在交易双方相互评价这一环节，客户给予店铺评价，可以反映出客户对店铺服务、商品质量、物流运输等方面的满意程度；店铺给予客户评价，可以体现出店铺对客户的重视程度。既然是评价而非表扬，就意味着双方不仅会对满意的方面进行评价，而且会在评价中表达出对商品、服务、物流及其他问题的不满，这些评价会在店铺中进行公开展示，对后续客户进店后进行商品选择起到一定的引导作用。

客服应对客户的评价内容做出引导，尽量保证在店铺的评价内容中多呈现满意的方面。所以，客服千万不能省略确认订单后进行评价引导的环节，提醒客户对商品、服务、物流等给予优质的评价。如果出现客户不满意的情况，则客服应与客户联系进行处理，力争做到让客户满意，保证店铺评价内容的正面性。

如果商家希望获得更多的好评，那么无论是在服务上还是在商品上，都必须超出客户的预期。比较可控的方法有小礼品、VIP 福利等，如图 5-6 所示，此举也就是所谓的情感营销策略。通过在商品详情描述页面、帮派等地方展示老客户的好评，不仅能促进成交，还可以在潜意识里引导客户的从众心理，从而给予类似的好评。

图 5-6　赠送小礼品

在客户等待收货期间，建议商家以短信的形式提示其发货和物流信息；可以在货物中放置手写的小贺卡，显示出对客户的关怀；有条件的商家可以进行电话回访，顺便提醒客户在收货之后给予好评。

在网上开店中差评在所难免，遇到差评只能正视解决，做好解释评价。解释评价是给后续客户看的，如果差评的回复能达到下面的效果，那么差评不但不会给店铺造成负面影响，反而会给店铺带来更多的曝光和销量，这是一个极好的推广机会和一场完美的危机公关。

- 降低差评的负面影响。
- 消除客户心中的疑虑。
- 获得后续客户的信赖。

如图 5-7 所示，良好的解释评价化解了危机。

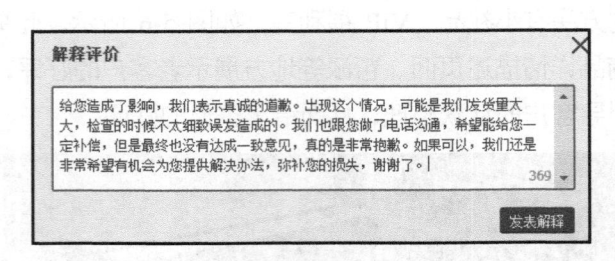

图 5-7 良好的解释评价化解了危机

"给您造成了影响,我们表示真诚的道歉。出现这个情况,可能是我们发货量太大,检查的时候不太细致误发造成的。我们也跟您做了电话沟通,希望能给您一定补偿,但是最终也没有达成一致意见,真的是非常抱歉。如果可以,我们还是非常希望有机会为您提供解决办法,弥补您的损失,谢谢了。"

5.1.7 告别结束语

客服做事要有始有终,在完成评价引导后,要有礼貌地与客户告别。与客户真诚地告别,客服应该将"顾客是上帝"的精神发挥得淋漓尽致,需要像对待亲人一般对待店铺的每一位客户。在感谢客户光临的同时,给客户送上简单的祝福,让客户有一次愉快的购物体验。至此,完整的销售流程就顺利结束了。

下面是礼貌告别时常用的语言。

"非常感谢您对我们店铺的支持,期待下次再为您提供优质的服务,祝您生活愉快。"

"后期如果有任何问题,可以随时联系我们,感谢您的关注与支持,祝您生活愉快,谢谢!"

"有什么问题及时联系我们,祝您购物愉快。"

5.2 催付

在网店购物的过程中,有这样的客户,咨询了不少问题,也提交订单了,就是不付款。催付是指客户提交订单后没有付款，客服引导客户付款的行为。下面重点讲述怎么做好催付这项工作。

5.2.1 挑选订单

有两种方法可查看未付款的订单，第一种是后台订单查看；第二种是后台订单数据下载。

1. 后台订单查看

依次单击"千牛卖家工作台"→"交易管理"→"已卖出的宝贝"→"等待买家付款"，即可看到未付款的订单，如图 5-8 所示。

图 5-8 后台订单查看未付款的订单

2. 后台订单数据下载

当订单较多时，可以导出筛选结果。选择需要查看订单的成交时间段，选择订单状态为"等待买家付款"，单击"批量导出"按钮，再单击"生成报表"按钮。在生成报表后，单击"下载订单报表"按钮下载订单报表，如图 5-9 所示。

电商多平台客服实战
淘宝、京东、拼多多

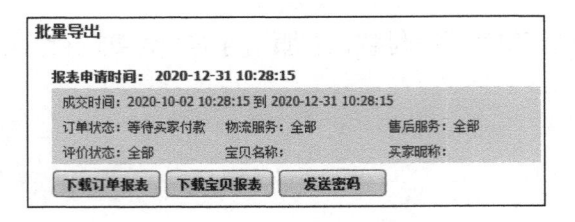

图 5-9　下载订单报表

下载完后打开文档，如图 5-10 所示，买家会员名、买家应付货款、总金额、订单状态、联系电话、收货地址等信息都会显示在订单报表中，可以根据订单信息来确定催付顺序。

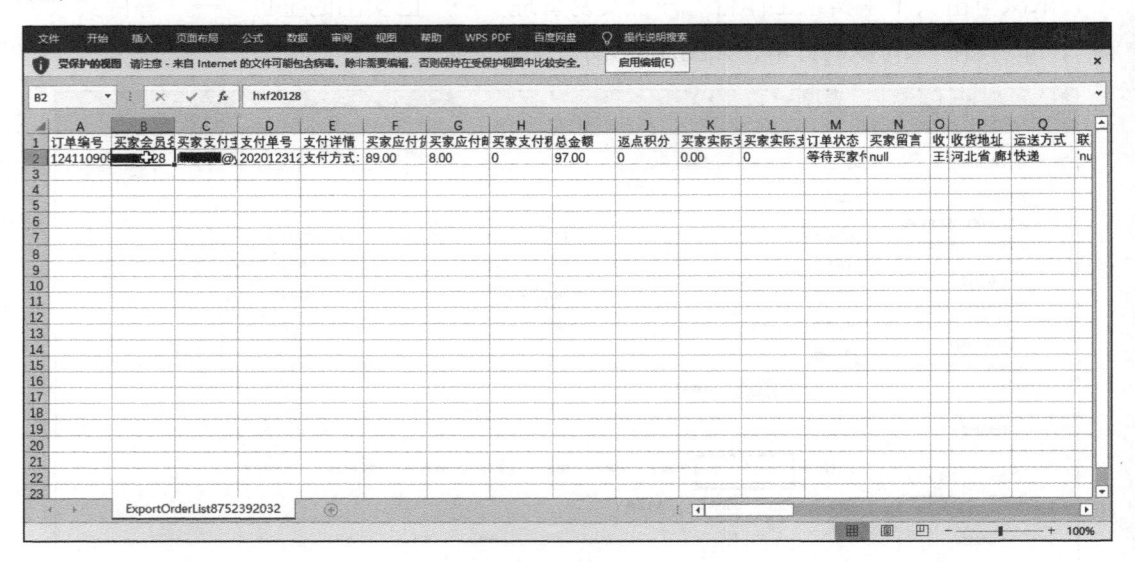

图 5-10　订单报表

5.2.2　未付款的客观原因

客户未付款的原因主要有两类：一是客观原因，二是主观原因。本小节主要介绍未付款的客观原因。

1．操作不熟练

一些新手客户对购物流程不熟悉，会遇到各种问题，如插件下载、密码混淆等。有些

92

客户会主动寻求客服的帮助，而有些客户就不了了之了，最终导致订单支付失败。客服应积极、主动地询问原因，来指导客户一步步地完成支付。

2．忘记支付密码

有些客户会忘记支付密码，并且不知道如何操作，这就要求客服熟悉重置支付密码的方法，帮助客户重置支付密码。下面分别介绍通过计算机和手机重置支付密码的方法。

1）通过计算机重置支付密码

（1）进入客户的淘宝网后台，将鼠标指针放在"账户设置"上，此时下方会出现下拉列表，单击"支付宝绑定"链接，如图 5-11 所示。

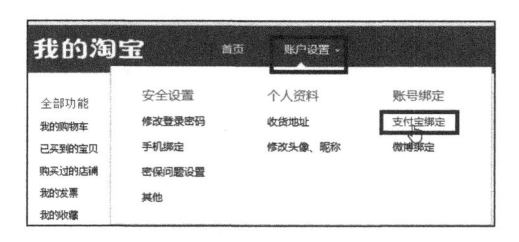

图 5-11　单击"支付宝绑定"链接

（2）在"支付宝绑定设置"页面中，单击"进入支付宝"链接，如图 5-12 所示。

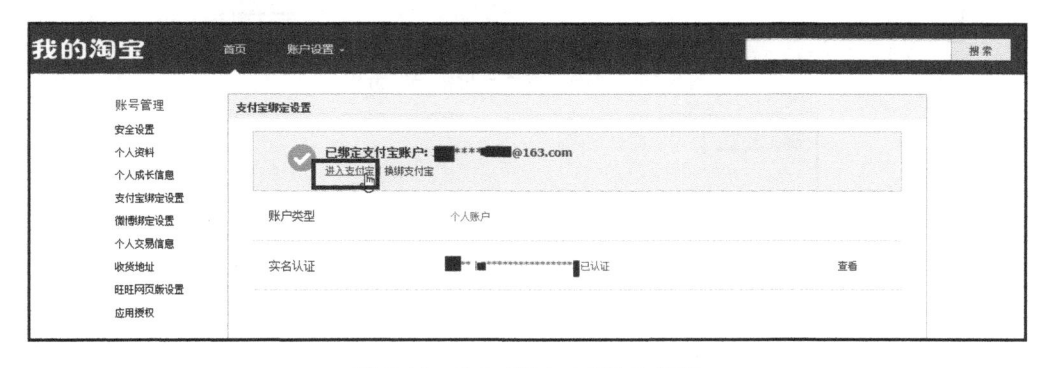

图 5-12　单击"进入支付宝"链接

（3）在"支付宝"页面中，单击右侧的"账号管理"按钮，如图 5-13 所示。

（4）在"设置"页面中，单击"重置支付密码"链接，如图 5-14 所示。

（5）根据提示进行操作，重置支付密码，如图 5-15 所示。

▶电商多平台客服实战
淘宝、京东、拼多多

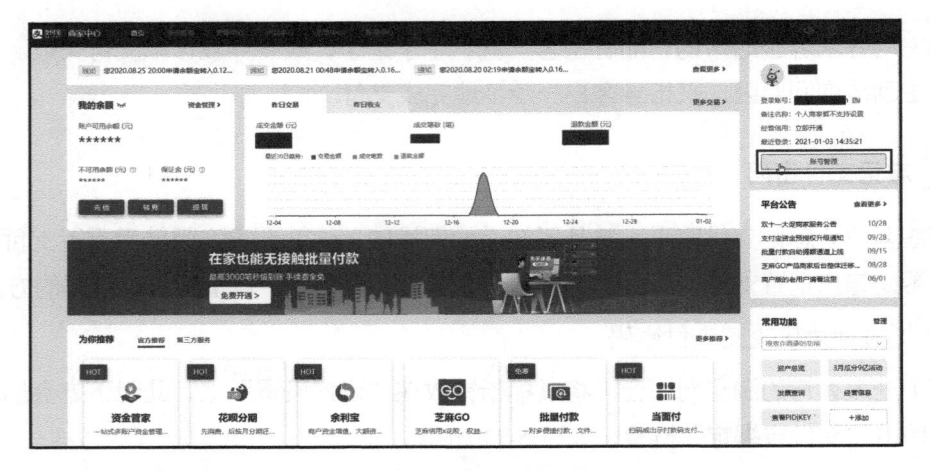

图 5-13　单击"账号管理"按钮

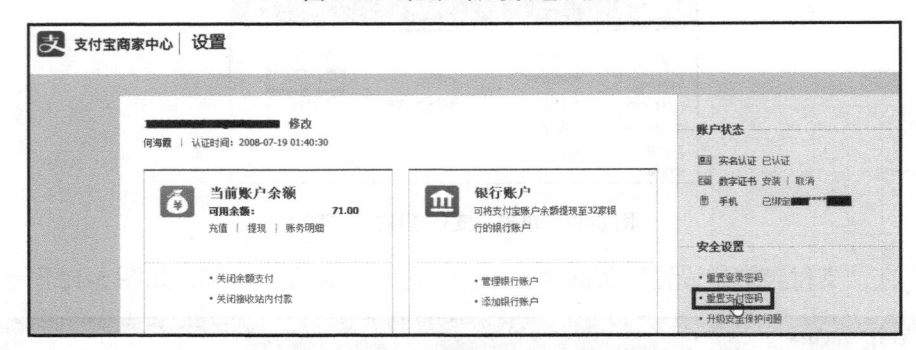

图 5-14　单击"重置支付密码"链接

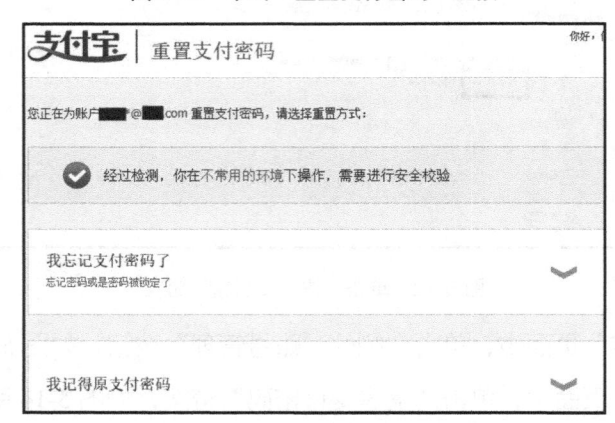

图 5-15　重置支付密码

2）通过手机重置密码

（1）打开支付宝 App，点击右下角的"我的"，点击右上角的"设置"图标，如图 5-16 所示。

（2）在"设置"页面中，点击"账号与安全"，如图 5-17 所示。

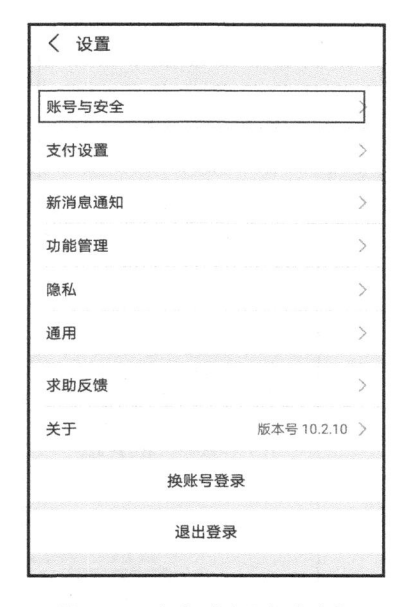

图 5-16　点击"设置"图标　　　　图 5-17　点击"账号与安全"

（3）打开"账号与安全"界面，点击"支付密码"，如图 5-18 所示。

（4）根据页面提示进行操作，如图 5-19 所示。

3．余额不足

当客户说支付宝余额不足，不能付款时，客服可以建议客户使用其他支付方式进行支付。在付款页面中，单击"选择其他方式付款"链接，如图 5-20 所示。在弹出的选择支付方式页面中可以选择银行卡支付、信用卡支付等，如图 5-21 所示。

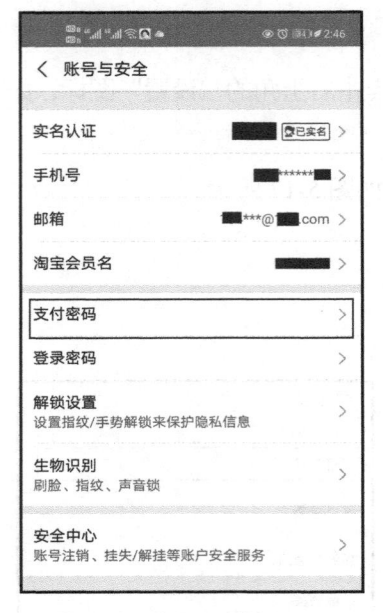

图 5-18 点击"支付密码"

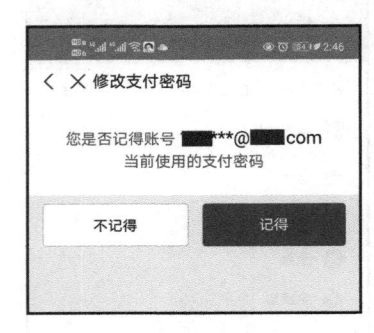

图 5-19 修改支付密码

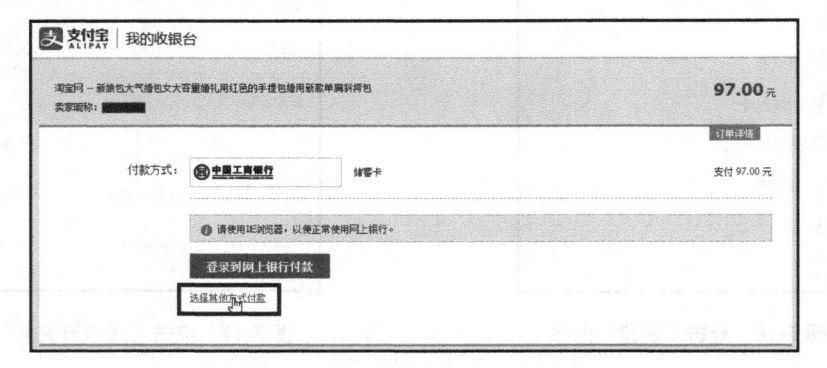

图 5-20 单击"选择其他方式付款"链接

在其他支付方式中有一项"花呗"支付。"花呗"是由蚂蚁金服提供给客户"这月买，下月还"的网购服务，可以提前免费使用消费额度购物，每位客户的消费额度都不一样。可以让客户使用支付宝账号登录花呗首页，查看当前花呗消费额度，如图 5-22 所示。

在计算机或手机上选择支持花呗支付的宝贝，就可以使用花呗进行支付了，如图 5-23 所示。

第 5 章
淘宝客服销售技能

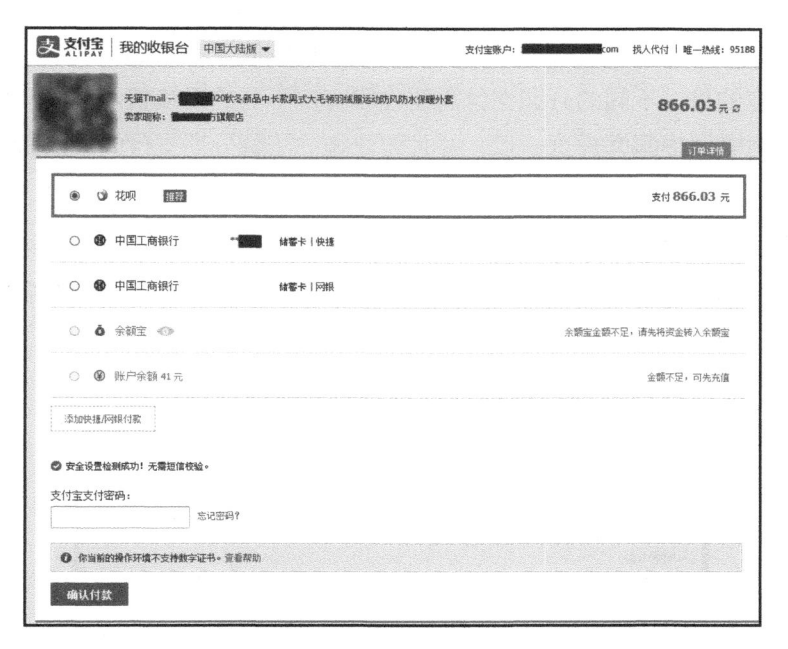

图 5-21　选择支付方式

图 5-22　花呗

图 5-23　支持花呗支付

使用花呗除了可以本月消费，下月还款，达到具体的订单金额要求后还可以选择分期支付。需要注意的是，不同的分期支付需要收取客户不同的手续费。客服在推荐客户使用花呗分期支付时需要提醒客户这一点，并且要让客户了解分期支付的手续费并不是由商家收取的。

另外，商家为了吸引客户来自家店铺购物，会设置相应的手续费由商家承担，这样客户不但可以使用花呗分期支付，还免去了分期支付手续费的支出。如果本店商品设置了这项优惠，那么客服在推荐商品时也可以将其当作一个卖点。

如果现有的支付方式还不能完成支付，则可以选择其他支付方式，如图 5-24 所示。

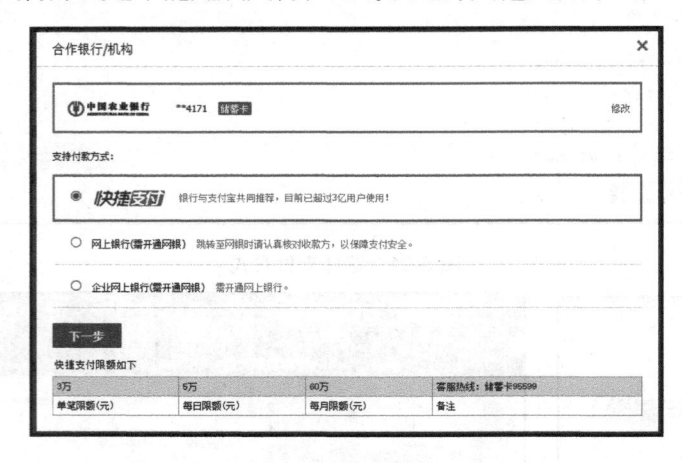

图 5-24 添加新卡

当客户所有的支付方式都不能支付时，还可以选择让朋友代付。在已购买商品页面中，单击订单右侧的"找朋友帮忙付"链接，如图 5-25 所示。

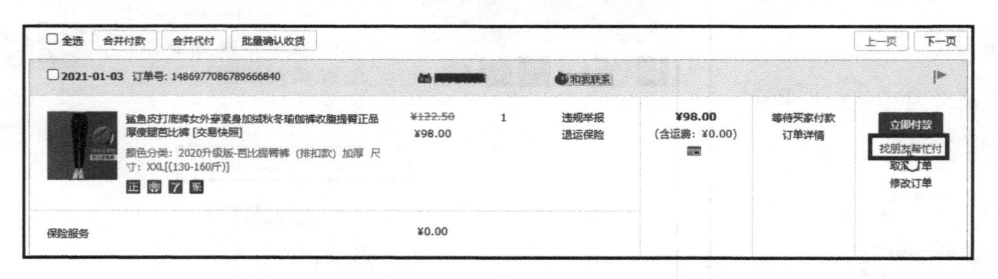

图 5-25 单击"找朋友帮忙付"链接

首先填写好友的账户，并且可以给好友留言，然后填写校验码，最后单击"请他付款"按钮，如图 5-26 所示，此时你的朋友就会收到你的代付请求。

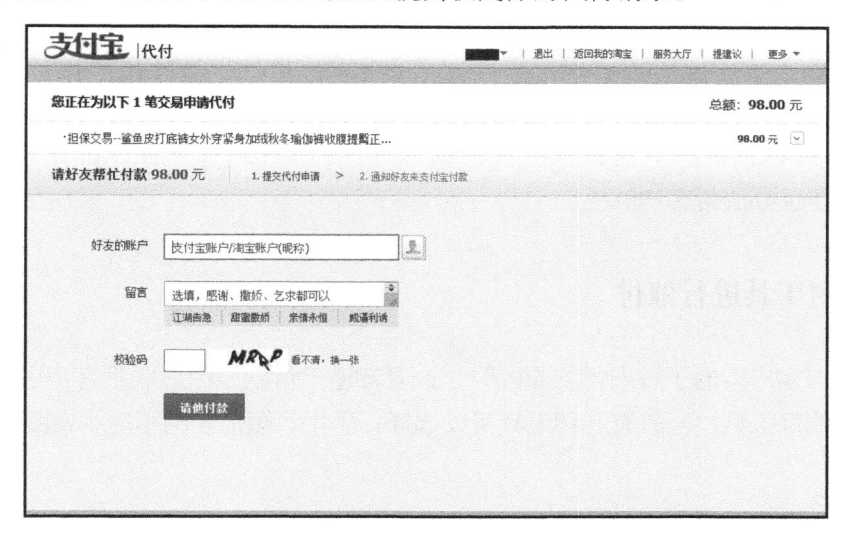

图 5-26　填写代付账户

5.2.3　未付款的主观原因

客户未付款除客观原因外，还有主观原因。常见的主观原因有 3 类：第一类是对商品的价格无法达成一致，客户对店铺里的商品价格不认可，最终导致交易无法完成；第二类是客户对商品抱有怀疑的态度，不敢买；第三类也是很常见的，就是跟其他店铺的商品进行对比，哪家店铺的商品更有优势就买哪家的。

1．议价不成功

议价的客户逃不出两种心理：一种是占便宜的心理；另一种是心理价位。对于有这两种心理的客户，本章讲解了很多应对的方法和技巧，在应对未付款的客户时，同样可以使用这些方法和技巧。

2．有所担心

如果客户未付款的原因是有所担心，就意味着客户心里有疑虑。本章介绍了帮助客户消除这些疑虑的方法，并且在客户已经下单后再使用这些方法，成功率会更高。

3．货比三家

客户要货比三家，客服就要挖掘商品的卖点，从商品本身及服务方面去寻找差异，吸引客户在本店下单。

当然，除以上原因外，还会有其他原因，如拍错了、拍下后需要改价等。不管什么原因，客服都要想办法帮客户解决。

5.2.4　使用工具进行催付

当客服与客户沟通了解未付款原因时，或者知道未付款原因后联系客户进行催付时，都需要选择催付工具。一般有三种工具可以选择：千牛、短信和阿里店小蜜跟单助手。

1．千牛

千牛是客服最常用的催付工具，使用千牛和客户沟通是完全免费的。另外，聊天字数也不受限制。最重要的一点是，客户可以随时操作付款。

千牛唯一的不足是当客户不在线时，客服不能保证客户能够及时收到自己所发送的信息。因此，当客户不在线时，客服可以给客户留言，也可以使用短信和电话的方式联系客户。

2．短信

现在每个人都随身携带手机，所以短信的及时阅读率比较高。跟千牛不一样，短信通常是由商家发给客户的，而客户很少会回复短信，所以编辑的短信内容一定要全面，要一看就懂。但是因为短信字数有限制，所以要在少量的文字里包含更多的信息。

3．阿里店小蜜跟单助手

阿里店小蜜跟单助手的主要功能是协助商家跟进客户的各类关键环节。现在已经上线了【催付】下单未支付、【催付】预售尾款未付、【催付】咨询未下单、【营销】意向用户唤醒、【催收货】签收未确认、【邀评】确认收货后邀评、【说明书】发送使用说明、【物流】缺货通知、【物流】延迟发货协商、【拒签】未收货仅退款拒签场景，如图5-27所示。

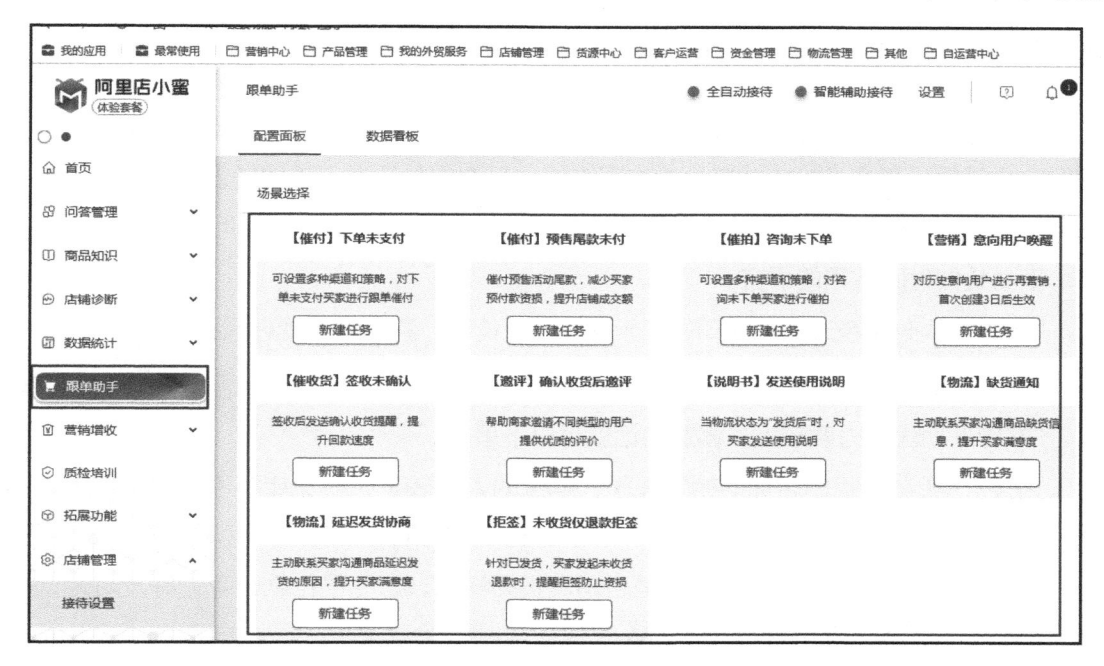

图 5-27　阿里店小蜜跟单助手

5.2.5　催付工具表

在催付过程中，客服需要对催付结果进行登记，并且在每次催付结束后都要进行总结。

1．催付登记表

每次催付之后都需要进行数据统计，统计催付所带来的实际效果，用于数据分析。

2．总结优化

每次催付的过程，以及催付过程中遇到的问题都要记录下来，以便之后调整优化。

首先，客服要有催付的意识，催付没有想象中的那么难，可能客户就是忘记了，客服只需要提醒一下就可以了；其次，要注意催付的方式和技巧。希望客服在之后的工作中可以认真地落实催付，避免出现前面提到的损失。

5.2.6　催付语言

对于那些下单了还没有付款或咨询了很久还没有下单的客户，客服应该在适当的时机催促客户付款。不管是对店铺还是对客服来说，只要有效地进行了催付，就可以大大降低订单的损失。

下面是催付时常用的语言。

"亲，这款商品今天在搞活动，明天就恢复原价了，喜欢的话就赶紧拍下。"

"亲，这款商品库存仅剩几件了，错过就没有了。"

"本店近期优惠力度较大，喜欢的话就可以下单了。"

"您好，现在是我们店铺的销售旺季，购买的人比较多，避免库存不足给您带来的不便，您看中的商品请及时付款，我们尽快地为您安排发货。"

"看到您的订单还未付款，目前是店铺发货高峰期，您尽早付款，我们好及时为您打包发货哟，以便您尽快收到心爱的商品。"

客户在收到这样的信息后，如果对商品感兴趣，就会立即下单。

5.3　订单处理流程

订单处理是商家的一个核心业务流程，网店客服要熟练掌握订单处理流程。

5.3.1　订单查找

最快速的方法就是查找客户的历史购买订单。进入千牛卖家工作台，按照路径"我是卖家"→"交易管理"→"已卖出的宝贝"查找，如图 5-28 所示。

在这里可以选择查找的时间段，可以通过宝贝名称、买家昵称、订单编号进行查找。特别要注意的是，如果不选择时间段，则默认查找近三个月的订单；如果需要查找三个月前的订单，则可以单击"三个月前订单"选项卡进行查找。

图 5-28 已卖出的宝贝

提示与技巧

在日常工作中还会有多种情况需要客服去查找订单，应根据需求灵活选择查找方法。

5.3.2 订单处理

从买家进店下单开始，会产生多个订单节点，称为订单状态，每种订单状态下都有需要客服去做的工作。

1. 等待买家付款

在卖家中心里，等待买家付款的订单状态在前面已经介绍了，这里不再赘述。

2. 买家已付款

买家完成付款后，等待客服确认发货，买家已付款的订单状态如图 5-29 所示。

买家付款后，等待卖家发货。在淘宝网交易中，有不少订单因为买家收货地址留错或商品拍错而导致退换货情况，所以，在发货前，客服有必要跟买家进行订单信息确认，包括收货地址及商品信息等。

▶电商多平台客服实战
淘宝、京东、拼多多

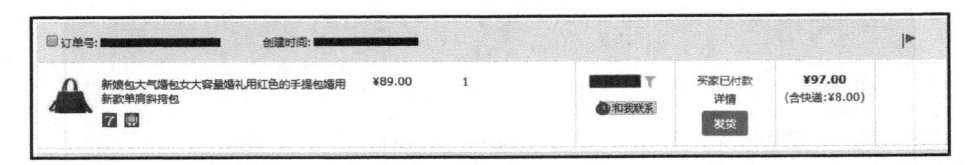

图 5-29　买家已付款的订单状态

偶尔也会有买家直接申请退款的情况，当客服做好了安抚与解释工作后，买家又想继续购买此商品，这时客服只需要单击"发货"按钮，订单就会正常进入下一个状态，即卖家已发货。

3. 卖家已发货

在卖家中心里，卖家已发货的订单状态如图 5-30 所示。

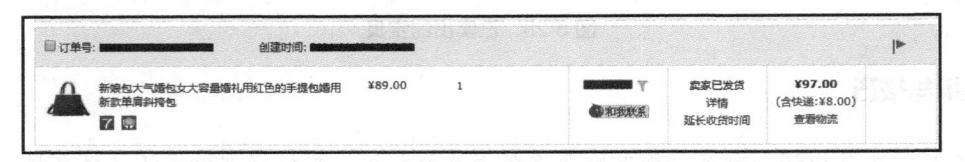

图 5-30　卖家已发货的订单状态

当买家付款后，一部分买家会询问是否发货了、物流到哪儿了之类的问题。如果仓库员已经发货，那么客服可以单击"查看物流"链接，将会出现这笔订单的物流信息，如图 5-31 所示，再将物流信息告知买家即可。

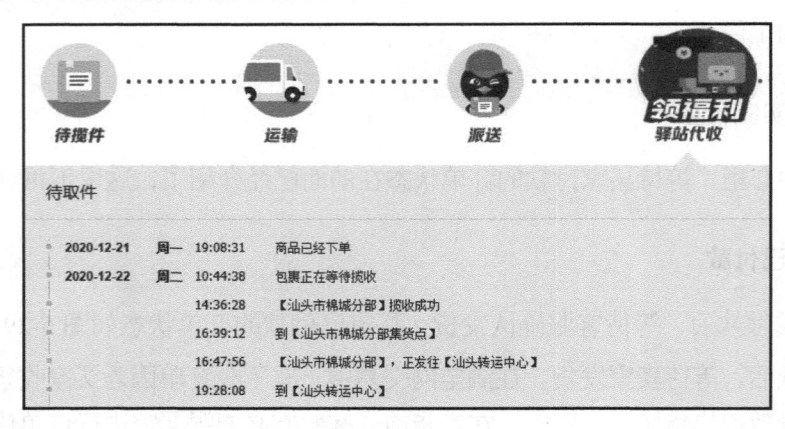

图 5-31　查看物流信息

104

卖家发货后，在一定时间内如果买家没有单击"确认收货"按钮，那么淘宝网会自动帮买家确认收货。如果遇到物流不能及时送达等问题，则会出现买家还没有收到货，但是订单已经确认收货的情况。这时候，在与买家协商后，客服可以延长确认收货期限，让买家有更多的时间来确认收货，如图5-32所示。

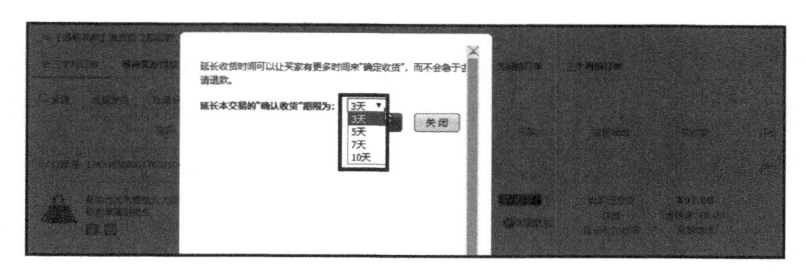

图 5-32 延长收货期限

4．交易成功

当买家收到商品，确认收货后，订单状态会变为交易成功。在千牛卖家中心里，交易成功的订单状态如图5-33所示。

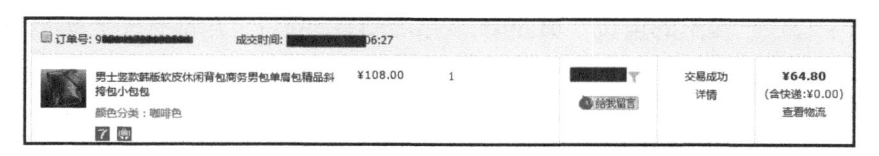

图 5-33 交易成功的订单状态

交易成功不代表交易结束，这时候客服可以对买家进行回访，比如，在使用商品方面是否有不懂的地方、鞋子是否合脚等，以此来体现对买家的关怀，提升买家的购物体验，提高店铺的回购率及口碑。

5．交易关闭

在等待买家付款、买家已付款、卖家已发货、交易成功这几种订单状态中，因为卖家缺货、少货等，或者买家对服务不满意、不想购买、退款等，都有可能变为交易关闭的订单状态，如图5-34所示。

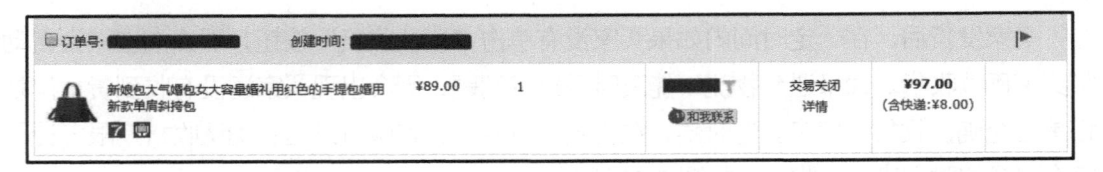

图 5-34　交易关闭的订单状态

跟买家直接接触的客服需要分析为何交易会关闭，并且在必要的情况下请商家协助找到交易关闭的原因，优化商品和服务，降低交易关闭率。当已经有解决方案时，客服需要积极地促使买家重新下单。

5.3.3　订单备注

客服在与买家的沟通中，有时候需要对买家情况做一些记录，这些记录可以是给店铺内其他同事看的，也可以是给自己看的。订单备注在任何订单状态下都可以修改，比如，发货前买家指定了发申通，客服就可以在这笔订单上备注"发申通"，在仓库打单发货时，仓库员看到了该备注就不会发错物流，从而避免纠纷的发生。

在卖家中心"已卖出的宝贝"页面中，在每笔订单的右上角都有一个初始灰色旗子图标，如图 5-35 所示。

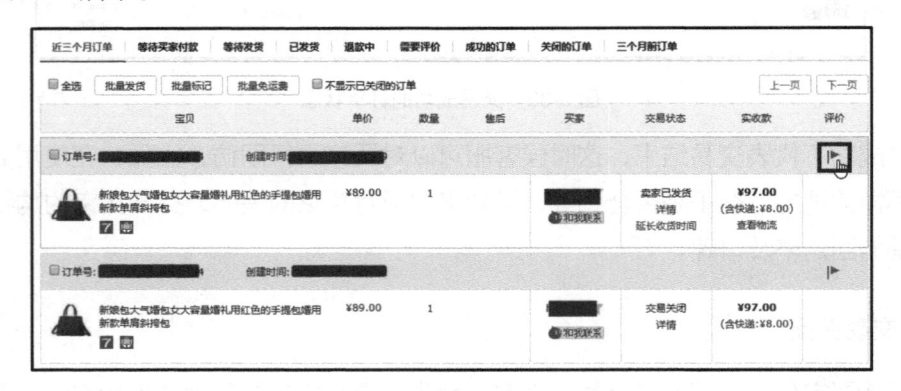

图 5-35　初始灰色旗子图标

单击灰色旗子图标，进入备注页面，如图 5-36 所示。与在千牛中备注一样，填写标记信息，选择旗子颜色，单击"确定"按钮即可。

图 5-36　备注页面

5.4　习题

1. 填空题

（1）网店客服是网上开店过程中很重要的一环，尤其是_____，往往直接影响店铺的第一印象。

（2）阿里店小蜜作为智能客服，对于店铺来说是非常方便的。阿里店小蜜_____功能可以设置系统搭配推荐或人工搭配推荐。

（3）在网店购物的过程中，有这样的客户，咨询了不少问题，也提交订单了，就是不付款。_____是指客户拍下商品后没有付款，客服引导客户付款的行为。

（4）客户未付款的原因主要有两类：一是_____，二是_____。

（5）当客服与客户沟通了解未付款原因时，或者知道未付款原因后联系客户进行催付时，都需要选择催付工具。一般有三种工具可以选择：_____、_____和阿里店小蜜跟单助手。

2. 简答题

（1）如何迎接问好、及时回复？

（2）怎么进行商品推荐？

（3）订单如何确认？

（4）未付款的原因有哪些？

（5）催付有什么禁忌？

第 6 章

淘宝售后的交易纠纷处理

客服在工作中经常会遇到交易纠纷。只要客户所购买的商品或服务和他的期望值之间存在差距,就会产生纠纷,交易纠纷的危害是相当大的。所以,掌握好客户的投诉与交易纠纷处理技巧对于客服来说是非常必要的。

知识导图:

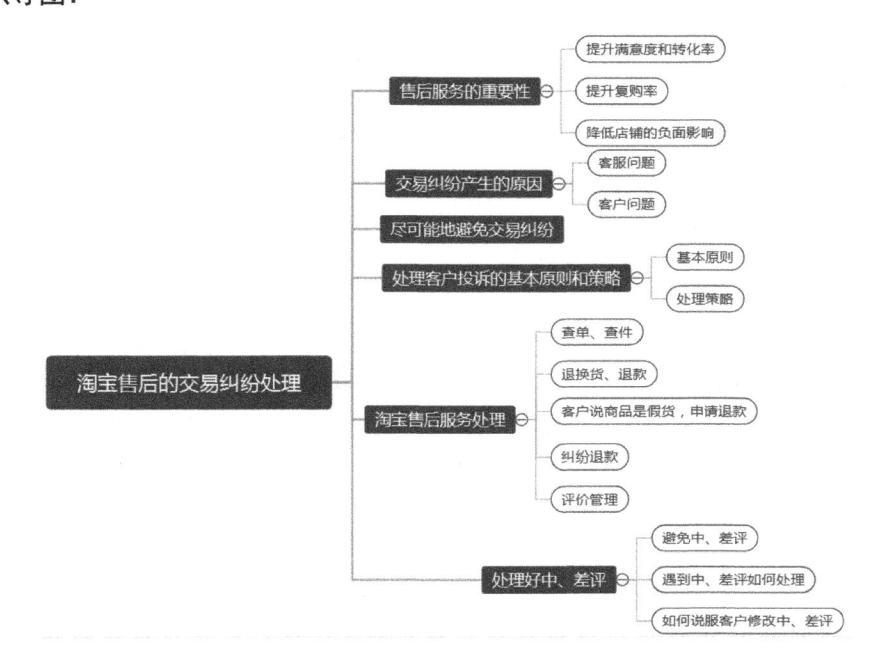

```
                              ┌─ 提升满意度和转化率
                  售后服务的重要性 ─┼─ 提升复购率
                              └─ 降低店铺的负面影响
                              
                  交易纠纷产生的原因 ┬─ 客服问题
                               └─ 客户问题
                               
                  尽可能地避免交易纠纷
                  
                  处理客户投诉的基本原则和策略 ┬─ 基本原则
淘宝售后的交易纠纷处理 ─┤                        └─ 处理策略
                                    ┌─ 查单、查件
                                    ├─ 退换货、退款
                  淘宝售后服务处理 ─┼─ 客户说商品是假货,申请退款
                                    ├─ 纠纷退款
                                    └─ 评价管理
                                    
                                ┌─ 避免中、差评
                  处理好中、差评 ─┼─ 遇到中、差评如何处理
                                └─ 如何说服客户修改中、差评
```

电商多平台客服实战
淘宝、京东、拼多多

学习目标：

- 熟悉售后服务的重要性。
- 熟悉交易纠纷产生的原因。
- 掌握如何尽可能地避免交易纠纷。
- 掌握处理客户投诉的基本原则和策略。
- 掌握淘宝售后服务处理。
- 掌握如何处理好中、差评。

6.1 售后服务的重要性

售后服务在网店交易过程中非常重要，可以提升满意度和转化率、提升复购率、降低店铺的负面影响。

6.1.1 提升满意度和转化率

网店客服需要和客户沟通，通过客服真诚的态度，提高客户的购买概率、店铺的销售业绩、客户的购物质量和满意度，给客户留下好的口碑，提高店铺的转化率。

良好的售后服务本身也具有价值，有些品牌店铺商品价格虽然贵，但是其提供了优质的售后服务，所以有些客户愿意多花钱去这些服务良好的店铺，这就是同样的东西有些店铺能卖高价的原因。

在买卖双方交易过程中，经常会因为各种原因产生交易纠纷，如果售后服务没做好，则会降低店铺的 DSR 评分，甚至会影响到店铺的形象。如果售后服务做得好，客户满意度提高，则卖家的服务态度就会提高，DSR 评分也就会提高，如图 6-1 所示。

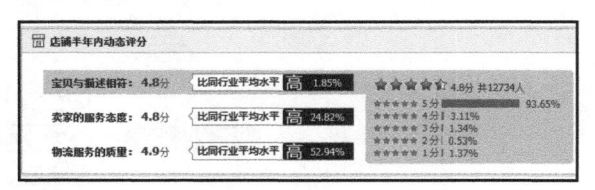

图 6-1 满意度高的 DSR 评分

6.1.2 提升复购率

开网店的商家都知道,老客户复购所产生的交易额通常是新客户的几倍,老客户对店铺和商品已经很熟悉,甚至有很高的忠诚度。此外,老客户会通过口碑宣传影响自身周围的消费群体。如果客户在购物过程中有问题,一般会联系客服,这时,售后服务就起到了至关重要的作用。良好的售后服务可以大大提高客户的复购率。

网上销售不是一锤子买卖,不是客户买完东西之后,客服就不管了。好的售后服务能让客户给店铺带来更多的客户,同时还能让客户记住店铺,下次还来自己店铺购买商品,可以提升店铺的复购率。图 6-2 所示为二次购买的客户评论。

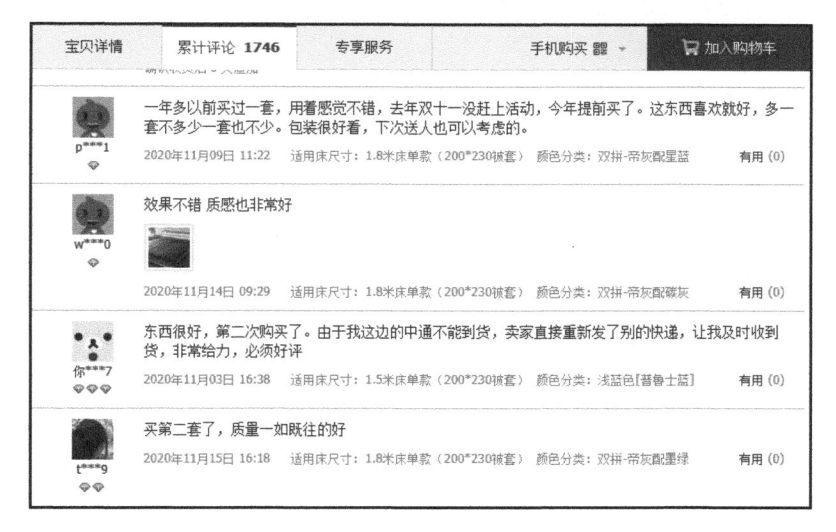

图 6-2 二次购买的客户评论

6.1.3 降低店铺的负面影响

良好的售后服务可以降低店铺的负面影响。出现交易纠纷后,如果售后服务没有处理好,就有可能导致店铺受到降权、商品下架、店铺扣分等处罚,严重的会关闭店铺。

退款纠纷率能直接体现店铺的售后服务水平,如果店铺的退款纠纷率过高,会影响店铺及商品在店铺的展示,对店铺产生很大的负面影响。

退款完结率能反映商家的退款完结能力,退款完结率越高,说明该店铺的退款效率越

▶电商多平台客服实战
淘宝、京东、拼多多

高，直接影响店铺的整体退款效率，间接影响客户的体验。发货速度过慢、退款完结率低、退款纠纷率过高，都会对店铺的销售有影响。

提示与技巧

售后服务是网店交易过程中极其重要的一环。只有把售后服务做好，才能把店铺的负面影响降到最低，从而提升客户的满意度。

6.2 交易纠纷产生的原因

交易纠纷产生的原因既有客服问题，也有客户问题。

6.2.1 客服问题

由于客服问题产生的交易纠纷有以下几种常见的情况。

（1）客服没有对商品进行客观全面的描述，造成客户的误解。比如，对于商品色彩、尺寸、适应人群等描述不清，或者使用了夸大的语言等，都有可能造成客户的误解。图6-3所示为商品颜色问题。

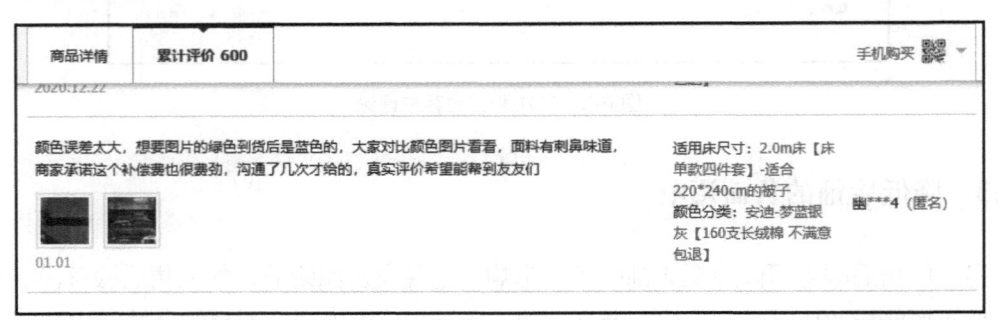

图6-3 商品颜色问题

有的客户是行家，可以用专业词汇进行描述。而有的客户对专业词汇一窍不通，如果客户按照自己的理解去认知这件商品，难免会产生交易纠纷。

（2）客服没有考虑到除商品外的其他问题。如保质期、售后安装费用、物流延期、物流运输过程中的损坏等问题导致的交易纠纷。

（3）发错、少发货物，尤其是客户签收时没有打开验收，这时候再提出少发货了，很容易产生交易纠纷。

（4）客服的态度差，遇到问题不积极处理，而采取回避的态度，如图6-4所示。

（5）客服没有采用防止商品损坏的包装方式。货物到达客户手中时已经损坏，而客户在签收时没有验收。

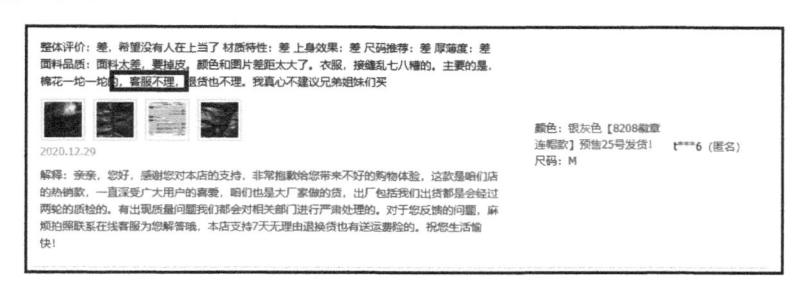

图6-4 客服的态度差

6.2.2 客户问题

由于客户问题产生的交易纠纷有以下几种常见的情况。

（1）客户在购买前没有仔细阅读商品描述。这是最容易造成交易纠纷的情况。

（2）客户对商品不熟悉，按照自己的标准对商品进行评判。

（3）客户对商品的期望值过高，从而导致收到商品时不满意。

（4）客户由于自身管理不善导致商品损坏。

6.3 尽可能地避免交易纠纷

商家做生意的时间久了，和不同的人打交道，或多或少都会遇到一些交易纠纷。那么作为商家，如何防患于未然，尽可能地避免交易纠纷呢？

1．严把商品质量关

在网上开店，竞争是非常激烈的，但在任何时候商品质量都不能出现问题，否则就很难在激烈的市场竞争中立足。这就要求商家在进货的时候一定要把好质量关，哪怕价格高一点，也要选质量有保证的，不要选择一些小作坊的"三无"商品。在发货的时候保证发给客户的是一件非常完美的、高质量的商品。图 6-5 所示为评价中有商品质量问题。

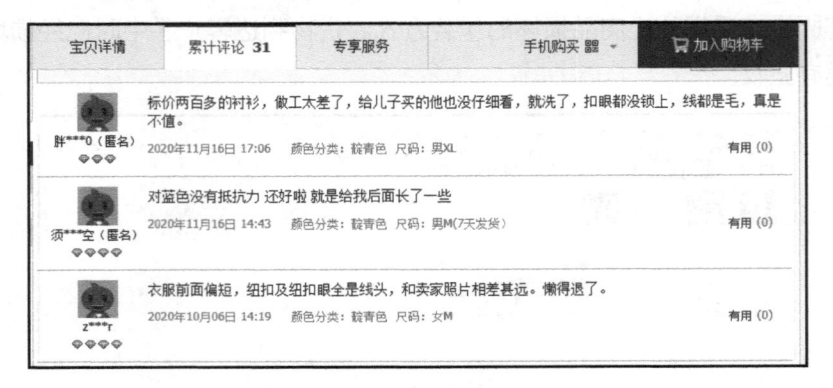

图 6-5　评价中有商品质量问题

2．关于色差问题

一些服装类的商品特别要注意色差问题，一定要采用实物拍照。现在有些商家使用杂志或厂家提供的模特照片，而不自己拍实物照片，甚至有的商家过渡处理照片，造成照片色彩失真，以至客户在收到货后，发现商品与照片相差十万八千里。

3．对待客户要热情

要善于利用千牛的表情营造轻松愉快的对话氛围。有时会有几位、十几位客户同时咨询商品，客服忙不过来，这时要向客户说明情况，不要不回复或很晚才回复客户。

4．商品描述与实际不符

商品描述要客观真实，如果商品描述夸大，与实际不符更容易产生交易纠纷。客服在描述商品时应尽量使用客观的语言，不要误导客户，这样就可以尽可能地避免这种交易纠纷的出现。

5. 成交后再次确认商品的有关信息

尽管在前期的沟通中已涉及客户所购买商品的部分信息，但在客户付款后，仍要再次确认商品的有关信息（如名称、款式、大小、件数、颜色等），一方面留下最后确认的交易凭证（防止日后少数客户以发错货为由进行投诉），另一方面也可以提醒自己确认彼此达成的正确交易信息，避免出现发错货的情况。

6. 发货前再次确认客户的信息

发货前要再次确认客户的收货地址、姓名及联系电话等信息。因为默认的收货地址可能是客户的家中地址，但工作日家中无人，需要寄到客户单位才有人签收；或者商品是客户送给朋友的，所以需要寄到朋友的地址。这类问题其实只要客服多问一句就可以避免。

7. 发货前仔细检查

发货前一定要仔细检查商品的完整性，以减少买卖双方在商品质量方面的纠纷。而且如果有不良客户找碴儿，那么客服也有底气应对。

如果客户购买的商品数量较多，那么商家在发货前一定要仔细检查商品的数量、颜色及号码。因为同一款商品有不同的颜色、号码，如果因一个小小的疏忽而导致退货、换货甚至差评，则是得不偿失的。所以客服应该在和客户沟通的时候准备好记录簿，把这些信息都记录下来，千万不可遗漏。

8. 发货后告知客户

发货后使用千牛告知客户快递单号，以及大概的到达时间，方便客户收货。同时提醒客户在收货时要当着物流的面先检查后签收，有问题马上和商家联系解决。

9. 发货后有问题及时处理

商家发货以后，商品在物流运输过程中及送到客户手上后可能会出现这样或那样的问题。如果出现了问题，客服一定要注意自己的态度，先让客户把事情说完，而且要认真地倾听；等客户说完以后，客服一定要说一些安抚及道歉的话，用委婉的语言来阐述自己对这件事情的看法及解决方案，及时地提出补救建议，并且采取有效的补救措施。对于这一点千万不可大意，不要嫌麻烦，要坦然面对。图6-6所示为没能及时解决问题的例子。

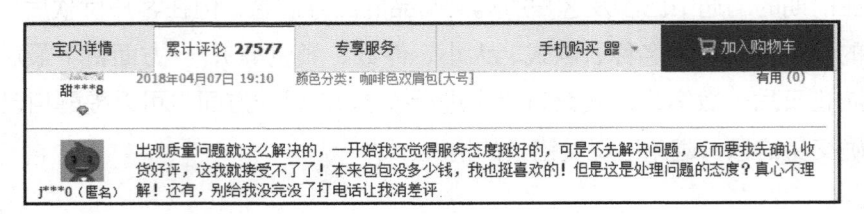

图6-6　没能及时解决问题

10．熟悉淘宝网规则

尽管淘宝网上的大部分客户是很友好的，但是难免会有一小部分客户或商家利用种种手段对其他"淘友"进行欺骗。客服应该积极学习淘宝网的各项规则，学会使用法律武器来维护自己的合法权益。

6.4　处理客户投诉的基本原则和策略

处理客户投诉在网店交易过程中是非常重要的环节，客服一定要掌握处理客户投诉的基本原则和策略。

6.4.1　基本原则

任何一家网店在为客户提供服务的过程中，都难免会因商品问题、物流问题及售后服务等接到客户的投诉，因此，正确地处理客户投诉已经成为网店经营管理中的重要内容。下面给出处理客户投诉的基本原则。

（1）要有"客户始终正确"的观念，站在客户的立场上处理客户的投诉。

（2）保持心态平和，就事论事，保持主动为客户服务的态度。

（3）应该认识到有投诉和不满的客户是对店铺有期望的客户。

(4)认真听取客户的投诉,认真分析事情的原由。

(5)对于客户的投诉应该给予肯定、鼓励。

(6)对客户投诉的细节认真记录,感谢客户所反映的问题。

(7)掌握问题的核心,提出解决方案并予以执行。

(8)总结客户的投诉,妥善处理得失。

6.4.2 处理策略

在网店经营过程中,可能会接到客户各种各样的投诉,如果不能正确地处理客户的投诉,那么将给店铺带来极大的负面影响。一定要积极地回应客户的投诉,适当地对客户做出解释,消除客户的不满,让他们传播店铺的好名声,而不是负面的消息。处理策略主要有以下几种。

1. 重视客户的投诉

客户投诉不仅可以增进客服与客户之间的沟通,而且可以诊断店铺的内部经营与管理所存在的问题,进而改进店铺的经营与管理。

2. 及时道歉

当客户投诉时,客服必须主动向客户道歉,让客户知道自己因为给他带来不便而感到抱歉。即使不是客服的过错,客服也要在第一时间向客户道歉。

3. 耐心多一点,勇于承认有错

如果确实是店铺的错误,就应该勇于承认错误,并向客户道歉,不要做辩解。处理客户投诉的目的就是减少客户的不满,重新赢取客户的信任。

在处理客户投诉时,要耐心地倾听客户的抱怨,不要批评客户,而要鼓励客户倾诉下去,让他们尽情宣泄心中的不满。在耐心地听完客户的倾诉后,再说不好意思或对不起,当他们的发泄得到满足之后,就能够比较容易地接受客服的解释和道歉了。

4．态度好一点，语言得体一点

客服态度友好，会促使客户心情平稳，理智地解决问题。客户在发泄不满时可能会言语过激，如果此时客服与其针锋相对，则势必会恶化彼此的关系。在解决问题的过程中，客服的措辞要合情合理、得体大方，尽量用婉转的语言与客户沟通，即使客户有不对的地方，也不要过于冲动，否则只会令客户失望。

5．倾听客户的诉说

客服应以关心的态度倾听客户的诉说，然后用自己的话把客户的投诉重复一遍，确保已经理解了客户投诉的问题，并且对此与客户达成一致。如果有可能，则要告诉客户自己会想尽办法来解决他们提出的问题。面对客户的投诉，客服应掌握倾听的技巧，从客户的投诉中找出客户抱怨的真正原因，以及客户期望的结果。

6．履行承诺

在处理客户投诉时，面对客户的强烈不满，客服应该在适当的时机对客户做出承诺。比如，承诺"情况属实会补偿"，这对于化解客户怒气、安抚情绪、消除不满都是非常有用的。

7．正确、及时地解决问题

对于客户的投诉应该正确、及时地进行处理、解决问题。拖延时间只会使客户的投诉情绪变得越来越强烈。例如，客户投诉商品质量不好，客服通过调查发现，主要原因在于客户不会使用，这时应及时告知客户正确的使用方法，而不能简单地认为与自己无关，对客户的问题不理不睬。

8．征求客户意见

客服在提出解决方案时，要征求客户的意见，等客户同意后再做决定。需要注意的是，客服在征求客户意见时，语气一定要委婉，让客户体会到是自己在行使决策权，同时认为这是最好的解决方案；否则，即使解决方案合理，也可能因为客服的托大而使客户发怒，从而激化矛盾。

9．记录客户投诉与解决的情况

对于较复杂的事件，客服需要详细询问客户问题发生的缘由与过程，详细记录事件的时间、人物、经过等细节内容，理解客户的心情，并告知客户确切的回复时间。在处理客户投诉时发现问题，如果是商品质量问题，则应该及时通知厂家；如果是服务态度与沟通技巧问题，则应该加强对客服的教育与培训。

10．追踪调查客户对于投诉处理的反应

在处理完客户的投诉之后，应与客户积极沟通，了解客户对于投诉处理的态度和看法，增加客户对店铺的忠诚度。

6.5 淘宝售后服务处理

淘宝售后服务处理是每一个商家都不能忽视的环节，因为售后服务如果不能处理好，就会引发很多后续问题，但如果售后服务能够处理好的话，就可以赢得客户的信任，也能为自己带来回头客。

6.5.1 查单、查件

对售后服务的工作范畴应该有准确的界定。通常情况下，从客户完成付款动作那一刻起，后续发生的一系列围绕客户满意度的工作就被定义为售后服务。大多数客户在付款成功后，会进行查单、查件。行业内与物流相关的问题有如下几个方面。

1．未发货状态

如果已约定发货时间：客户在购买之前应注意看清商家的约定发货时间，不是所有商家都是 24 小时内发货的，有些商家可能约定 72 小时内发货，经常有客户因为没有提前看清约定发货时间而产生误会。

不仅有商家自己的约定发货时间，还有淘宝网规定的约定发货时间。比如，在双 11

等大促活动时，淘宝网会要求商家在 1 周内发货即可等。如果客户咨询，则这些情况都要向客户解释清楚。

在一般情况下，若未明确约定发货时间，则商家应该在 24 小时内发货，客户联系客服后一直未得到回复的可以申请退款，申请后若商家 48 小时内不处理则系统会自动退款到客户账号上。

如果缺货，则客服应立即与客户联系。

（1）如果后期会补货，则马上联系客户，让客户耐心等待。

（2）如果后期不再生产，则马上联系客户，引导客户换款。

（3）如果客户不喜欢其他款式，则及时为客户处理退款。

如果退款是因为"商品漏发"引起的，则客服应该进行如下操作。

（1）及时跟客户道歉，马上为客户补发，并帮客户申请小礼品作为补偿。

（2）如果客户不想要了，则及时为客户处理退款并真诚道歉。

2．已发货，客户未收到

物流运输这个环节是商家无法自己控制的，所以在商家发货后，难免会出现运输速度慢、派件难、丢件等情况。经常会出现各种与物流相关的问题，导致客户必须向客服进行咨询。常见的引起查单、查件的售后问题如下。

（1）物流信息正常：马上跟客户解释，让客户耐心等待。

（2）物流信息不正常。

- 超区：如果客户愿意自取，则麻烦客户自取，然后备注下次注意；如果客户确实不愿意自取，则联系物流转到其他站点，或者退回仓库重新发。
- 丢件：核实后及时帮客户补发，然后告知客户单号，及时跟踪回访，之后根据记录与物流公司核实赔偿。
- 疑难杂件：例如，客户未接电话导致物流无法送达，马上跟客户留言，然后后期继续追踪，尽快让客户成功签收；或者送货途中物流站点停止营业了，马上联系物流公司，帮客户转发其他物流，一定要保证在最短的时间内送达。

3．少发、错发

（1）少发：马上跟客户道歉，及时联系仓库补发，最好申请一点小礼品作为补偿。

（2）错发：如果客户肯接受补偿，则给予客户补偿，尽量减少自身损失，也让客户有一个良好的购物体验；如果客户不肯接受补偿，则请客户邮寄回来，主动承担运费，更换正确的款式后重发。

6.5.2 退换货、退款

能否退换货是影响客户购买决定的因素之一。因此，客服应该清楚地告诉客户，在什么样的条件下可以退换货，往返运输费用由谁来承担，否则客户会因为不清楚退换货的条件而犹豫是否购买。

（1）7天无理由退款：尽量挽回，如果不能挽回，则按照正常的退货、退款流程，让客户退回来，收到货物检查无误后，及时处理退款。

（2）货物破损：马上核实并安抚客户，然后为客户补发，后期根据登记记录向物流公司核实索赔。

（3）商品质量问题：对客户描述的情况进行核实，核实无误后，如果客户愿意接受补偿，则对客户做出适当的补偿；如果客户不愿意接受补偿，则按照正常的退货、退款流程，让客户退回来，收到货物检查无误后，及时处理退款。

（4）在商品质量保证期或维修期内被退回，要求更换或维修，一定要及时处理。

如果客服遇到已经发货，客户未收到货却要申请退款的情况。千万不能马上让客户申请退款，应当先与客户沟通，对他们进行挽留，看看他们是因为什么原因不想要，然后提出对策，尽可能地减少退款的出现。实在挽留不了的话，再处理退款。

如果客户已经申请退款，则分为以下两种情况。

（1）订单已发货

这时客服就要跟踪这个订单到哪里了，若快到客户手上的话，则告知客户等待货物到达后拒签即可，待收到货物后，再为客户处理退款。

（2）订单未发货

在这种情况下，客服要先审单，避免物流发出而造成不必要的损失，待审单处理好后，即可为客户处理退款。记住一定要先确认货物还未发出，且订单取消后才可处理退款。

6.5.3　客户说商品是假货，申请退款

为了净化社会市场环境，维护网络平台的洁净度，淘宝网遵循国家法律法规，不允许出售和发布假冒伪劣商品。作为淘宝网商家，交付给客户的商品也应当符合法律法规的相关规定，不得出售假冒伪劣商品。如果客户说商品是假货，申请退款，那么客服应该进行如下操作。

（1）核实进货时的供应商是否具备相应的正规凭证。

（2）如果供应商无法提供相应的正规凭证，则联系客户协商退货、退款，并主动承担来回运费，避免与客户产生误会。

（3）如果客户提出商品为假冒伪劣商品，但未提供有效凭证证实，而商家也无法有效举证，则交易支持退货、退款。

（4）凭证需为正规有效的进货发票凭证。因为国税发票可以通过国家税务网站查询核实，而其他凭证暂时无法通过线上正规流程核实，因此需要商家配合举证进货发票凭证。

（5）如果客户申请了淘宝网介入，则淘宝网会根据买卖双方的举证情况来进行处理。一旦淘宝网判定商品为假冒伪劣商品，就会做出退款处理。同时商家可能也会因为出售假冒伪劣商品而受到处罚，商家的账户也有可能会被扣分、限权甚至冻结。

提示与技巧

已经交易成功但需要退款的订单，必须通过支付宝来退款。客服一定要确认好客户的支付宝账号和绑定的真实姓名。

6.5.4　纠纷退款

纠纷退款指的是买卖双方未自行协商达成退款协议，由淘宝网客服介入，且判定为支

持客户的退款。

要想降低纠纷退款率，则建议商家在客户对交易有异议或申请退款和售后的时候，积极主动地联系客户协商处理，并在可协商范围内，尽可能地帮助客户处理好交易问题。如果双方经过协商仍无法达成一致，且一方申请淘宝网客服介入，则商家需要将最有效的交易处理方案在维权页面上写明，淘宝网会在仔细审核后做出判定。

6.5.5 评价管理

评价是影响店铺销量的一个非常重要的因素。不管是中小商家，还是大商家，对评价管理绝对不能忽视。中小商家应对评价管理可能会比较方便，而大商家如果不借助评价管理工具，那么管理起来不仅费时费力，还不一定能达到良好的处理效果。作为客服，该怎样做好评价管理工作呢？

（1）登录千牛商家工作台，单击"我的应用"中的"评价管理"，如图 6-7 所示。

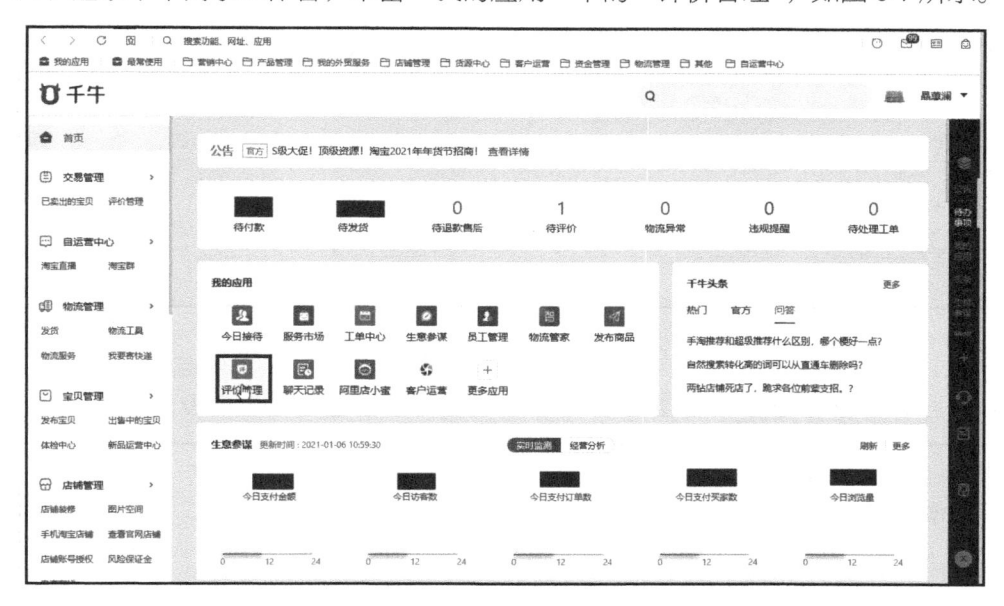

图 6-7　单击"评价管理"

（2）进入店铺评价页面，如图 6-8 所示。"历史评价数据"——显示历史评价信息，如主动评价、追加评价、负面评价等。"全店五类正负面评价"——全店评价内容通过算法分析，大致分为 5 个维度，主要是方便查看客户的评价态度。

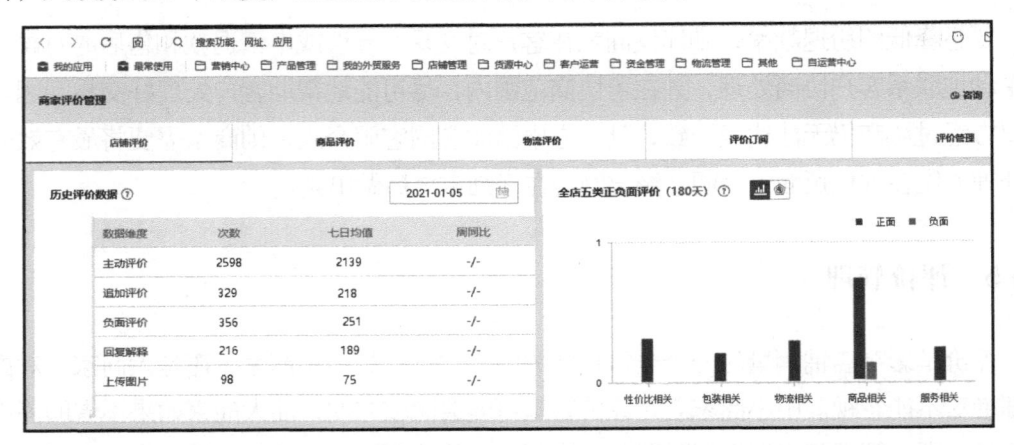

图 6-8　店铺评价页面

（3）单击"商品评价"选项卡查看最近的商品评价信息，如图 6-9 所示。

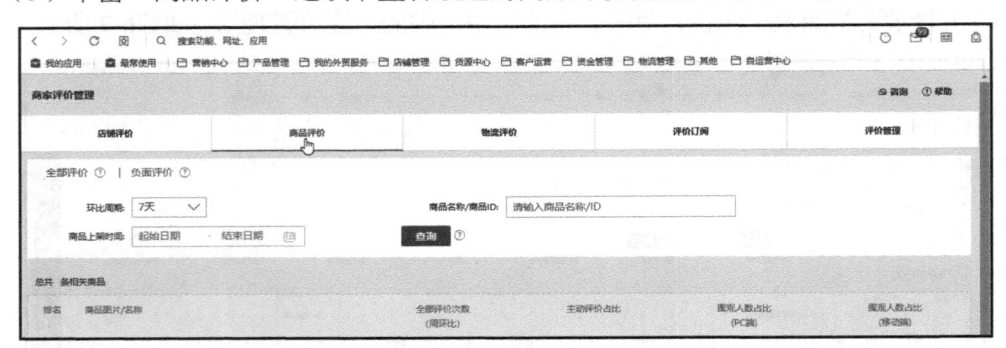

图 6-9　商品评价信息

（4）单击"物流评价"选项卡查看最近的物流评价信息，如图 6-10 所示。

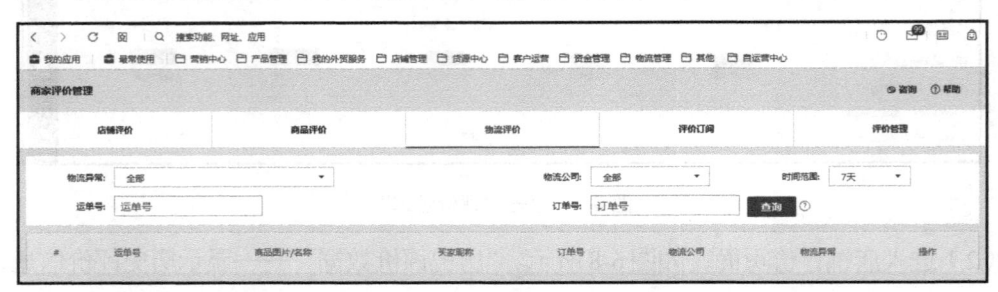

图 6-10　物流评价信息

（5）单击"评价订阅"选项卡查看订阅评价消息，如图 6-11 所示。

图 6-11　订阅评价消息

（6）单击"评价管理"选项卡管理评价信息，如图 6-12 所示。

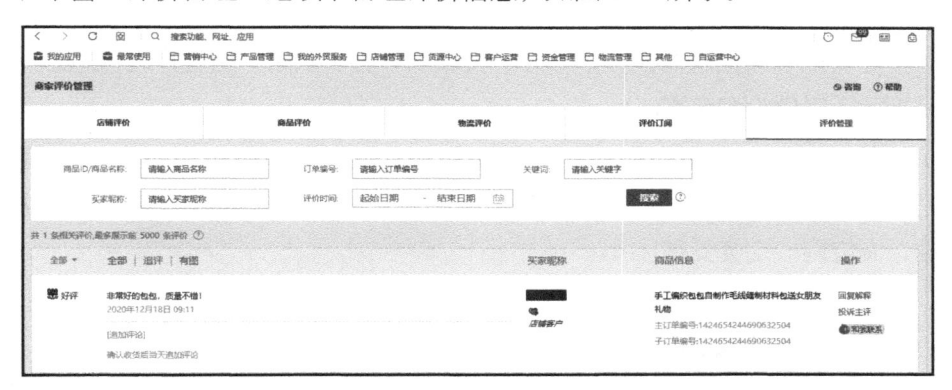

图 6-12　管理评价信息

6.6　处理好中、差评

相信商家在收到中、差评的一刹那，第一反应肯定是气愤。但在气愤过后，要冷静下来，仔细查看这笔交易的销售过程，看看到底是哪里做得不够好，只有找到问题的症结，才能对症下药。

6.6.1　避免中、差评

在网上购物的人越来越多，但是在交易量和人数急剧增长的同时，也有越来越多的交易纠纷，一些不良客户钻空子对商家进行恶意评价甚至投诉。下面介绍预防不良客户恶意评价的方法。

（1）在发布商品前先仔细核对商品价格，最好在商品描述页面里再提一下具体价格，做到双保险，万一发布的价格不对，在商品描述页面里也有据可寻。

（2）如果客户提出无理要求，那么该义正词严的地方就义正词严，退缩反而助长了对方的嚣张气焰。注意千万不要辱骂客户，这样做，对方反而可以借题发挥了。

（3）看客户信誉。如果对方是没有信誉或信誉很差的客户，那么这笔交易不做也罢。

（4）核对收货地址、电话、联系人等信息是否属实。在发货前，最好通过千牛或站内信确认一下。

（5）一定要把聊天记录保存好，务必学会截图。有了截图，当客户进行恶意评价时，商家可以把截图提供给淘宝网。

（6）如果商家已经遭遇了恶意评价，则可以拨打淘宝网客服电话进行投诉，截图留下所有交易、聊天记录。注意一定要确保证据的一致性，确认客户的唯一身份，并讲明事情的严重性，淘宝网一定会受理。

6.6.2 遇到中、差评如何处理

网店商家都很关注自己的信用度，因此对客户的评价也越来越敏感，总希望客户给出的评价永远是好评。一般而言，只要交易比较顺利，客户还是愿意给予好评的。但是在网店经营中，难免会碰到一些挑剔的客户给予中、差评。作为客服，莫名其妙地得到一个中、差评，会觉得冤屈。那么，如何面对中、差评呢？这就是客服必须考虑的问题了。

1. 反思

碰到中、差评，客服首先应该自我反思，检查自己在交易过程中是否犯错、服务是否周到，而不是先寻找借口为自己开脱。如果反思过后发现自己确实有工作不到位的地方，那就要吸取教训，并在以后的工作中逐渐改善。如果发现是客户的误解，那么最好发信息给客户，向其说明事实真相，但千万要注意用词，不要因为占理而口无禁忌。

2. 千万不要生气

面对中、差评，如果错在客服自己，那么客服还有理由生气吗？如果客服诚信经营，发生问题也能与客户认真地沟通，则应该坦然地面对中、差评。正所谓"身正不怕影子斜"。客服的工作已经到位了，但客户还是说三道四，千万不要为此生气，更不要说一些难听的话去报复客户。不如把时间和精力集中到其他客户身上，努力用更多的好评去掩盖少数的中、差评，其他客户照样会信任你。如果碰到恶意评价，则可以选择向网上交易平台投诉，以维护自己的正当权益。

3. 及时回复

在客户给出评价以后，客服的及时回复尤为重要。及时回复不仅能让客户觉得自己得到了重视，而且客服也能及时解决客户给出的中、差评。

4. 客观解释

先针对出现的问题给出合理的解释，因为每个评价都会展示在其他客户面前，如果客服对这些评价既不理不睬，也不给出解释，那么其他客户怎么能相信你的商品不会再出现类似的问题呢？在给出解释之后，别着急单击"提交"按钮，不如借着"中、差评"这个展台，趁机打广告。在给出解释时可以附上同款商品的其他客户的好评，要挑最有说服力的评价粘贴，或者写上最近店里开展的一些优惠活动，这样一来，这个中、差评不一定会对你有很大害处，或许还可以给你带来更多的客源。图 6-13 所示为客观解释。

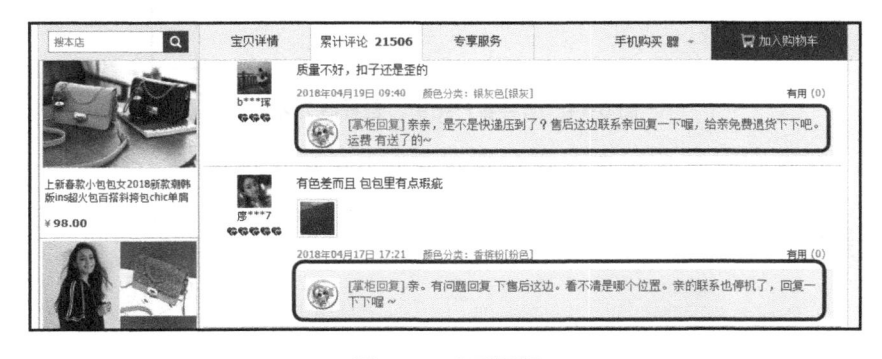

图 6-13　客观解释

6.6.3 如何说服客户修改中、差评

现在淘宝网上的生意越来越难做，信用度是中小商家的命门。大部分客户都是抱着在淘宝网上能买到便宜商品的心态来的，倘若买到的商品没有达到客户的预期，心理落差是可想而知的。中、差评是在网上开店过程中不可避免的情况，很多中、差评都是由误会引起的，首先得想方设法地解决，只要商家愿意用心处理中、差评，积极与客户沟通，相信没有解决不了的中、差评！

商家在收到中、差评时，不应盲目地抱怨甚至投诉客户，这样会激怒对方，使问题没有解决的余地。如果商家确实存在过错，则应诚恳地向客户道歉，承认工作上的过失，并提出补救措施。在与客户达成一致意见后，商家可以提出自己的要求，比如："我有一个小小的请求，您能否为我修改一下评价？真的很感谢您为我们提出了很好的建议和意见，希望以后多多合作。"通常客户也不会因为一点小事伤了和气，都会同意修改评价，如图 6-14 所示。

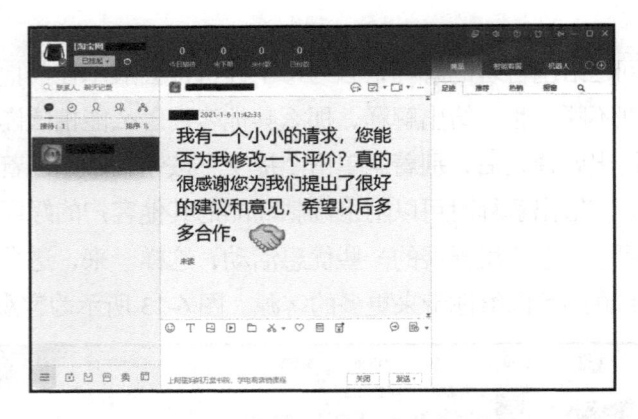

图 6-14 引导客户把中、差评改为好评

6.7 习题

1. 填空题

（1）一般情况下未明确约定时间应该在_____内发货，客户联系客服后一直未得

到回复的可以申请退款，申请后若商家_____内不处理，则系统会自动退款到客户账号上。

（2）如果客户申请了_____，则淘宝网会根据买卖双方的举证情况来进行处理。一旦淘宝网判定商品为假冒伪劣商品，就会做出退款处理。

（3）_____指的是买卖双方未自行协商达成退款协议，由淘宝网客服介入，且判定为支持客户的退款。

（4）_____是影响店铺销量的一个非常重要的因素。不管是中小商家，还是大商家，对_____绝对不能忽视。中小商家应对_____可能会比较方便，而大商家如果不借助_____工具，那么管理起来不仅费时费力，还不一定能达到良好的处理效果。

2．简答题

（1）售后服务为什么重要呢？

（2）淘宝交易纠纷产生的原因有哪些？

（3）怎样尽可能地避免交易纠纷？

（4）处理投诉有哪些技巧？

（5）怎样进行评价管理？

（6）怎样处理好中、差评？

第 7 章

客户关系管理

在网店经营中，客户关系的维护是非常重要的，无论是新客户还是老客户，客服都应该重视客户关系的维护，让客户享受满意的服务。维护客户关系是一项烦琐、艰巨又讲究技巧的工作。只有处理好客户关系，才会有回头客，才会有老客户介绍新客户，树立起良好的口碑。

知识导图：

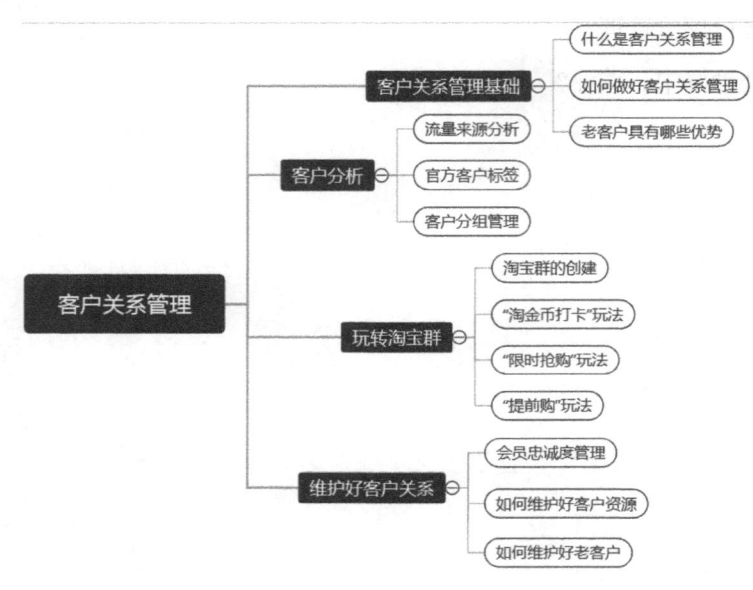

```
                          ┌─ 客户关系管理基础 ─┬─ 什么是客户关系管理
                          │                    ├─ 如何做好客户关系管理
                          │                    └─ 老客户具有哪些优势
                          │
                          ├─ 客户分析 ─────────┬─ 流量来源分析
                          │                    ├─ 官方客户标签
                          │                    └─ 客户分组管理
       客户关系管理 ──────┤
                          ├─ 玩转淘宝群 ───────┬─ 淘宝群的创建
                          │                    ├─ "淘金币打卡"玩法
                          │                    ├─ "限时抢购"玩法
                          │                    └─ "提前购"玩法
                          │
                          └─ 维护好客户关系 ───┬─ 会员忠诚度管理
                                               ├─ 如何维护好客户资源
                                               └─ 如何维护好老客户
```

第 7 章
客户关系管理

学习目标：

- 熟悉客户关系管理基础。
- 掌握客户分析。
- 玩转淘宝群。
- 维护好客户关系。

7.1 客户关系管理基础

下面介绍客户关系管理基础，包括什么是客户关系管理、如何做好客户关系管理、老客户具有哪些优势。

7.1.1 什么是客户关系管理

客户关系管理是通过对客户详细资料的深入分析，来提高客户的满意度，从而提高店铺竞争力的一种手段。客户关系管理，也可以理解为客户关系维护，主要是维护客户黏性，通过各种手段提高客户感受，目的是促使客户二次或多次购物。

客户关系管理的核心是为客户提供有价值的东西，提高客户忠诚度，通过优惠措施提高客户购买的次数，实现客户价值持续贡献，从而全面提升店铺的盈利能力。

客户关系管理一方面可以通过提供更快速和周到的优质服务吸引和保持更多的客户；另一方面可以通过全面管理降低商家成本。

提示与技巧

对于网店的客户，客服需要先了解他们的性别、年龄、收入状况、性格、爱好、购物时间、购买记录等，并进行统一的数据库管理，然后才能对他们进行有针对性的关怀和营销。一些大型的网店建立了完善的客户关系管理系统，极大地提升了客户回头率，利润成倍增长。

7.1.2 如何做好客户关系管理

怎样才能让新客户成为店铺的老客户，客服是第一印象，商品是终极体验，客服和商品都征服了客户，客户才有可能再次来我们的店铺，将商品和服务这两块先做好，才能做好客户关系管理。让客户先有最基本的信任，认可店铺的商品和服务，才会有老客户。

1．导入期客户发展策略

商品刚刚上市时，商家一般不会直接进行大规模的市场推广，首先要做的是逐渐优化商品，以符合细分市场需求。

这个阶段的客户关系管理策略主要以客户调研为主，通过调研，了解客户对商品的具体需求，了解他们多久会再次购买、再次购买的原因、对商品有哪些建议。一方面根据调研结果改进商品，另一方面制定回馈老客户的方案。

2．成长期客户发展策略

成长期意味着大量的新客户涌入，这个阶段需要控制好节奏，合理的扩张速度是在保持老客户比例不降或微升的情况下，尽可能地获取更大市场份额。

这个阶段的客户关系管理策略是制定老客户复购方案，快速将新客户转化成老客户，保持老客户比例的提升。在保证新客户满意度的基础上，通过强大的促销方式刺激其二次购买。

3．成熟期客户发展策略

在商品占领了一定市场份额的基础下，市场投入基本以保持份额为主，可以从商品端构筑，形成差异化壁垒，也可以从客户端通过客户关系管理提高客户黏性。

提高客户黏性主要有两个途径。

（1）每次消费金额不变，缩短复购周期，以提高生命周期价值。

（2）复购周期不变，提高每次购买客单价。

7.1.3 老客户具有哪些优势

研究表明，网店老客户贡献了店铺绝大部分的利润。因此，店铺应该加大对老客户的关怀和维护，仔细分析老客户的需求。只有做到精准营销，才有可能形成爆炸式的利润增长。

维护老客户可以带来以下好处：

- 老客户的回头率超过20%。
- 老客户是忠实的新款体验者，他们的评价总是最丰富、最能打动人的。
- 老客户会不断地带给商家新品开发的灵感和素材。
- 老客户会不断地把商家宣传给身边的人。
- 老客户会不断地帮商家指出问题，同时鼓励商家进步。
- 老客户会为商家的荣誉和成绩喝彩。
- 老客户会帮助商家监控竞争对手的产品动态。
- 老客户会帮助商家发现仿冒者，并帮助商家维护市场秩序。
- 老客户和商家是朋友关系，会和商家分享生活中的酸甜苦辣。

很多商家通常会采用下面的方法留住老客户：

- 购物满1000元享有9折优惠，满3000元享有8.5折优惠。
- 多次购买者免运费。
- 多次购买者赠送礼品。

"老客户不外乎就是希望得到一点实惠，我们满足他就可以了。这样，他就可以变成忠实回头客了。而且从某种意义上来说，只要在我的店铺里累计购物满1000元甚至更多，我的店铺就对他具有锁定效应，他去其他店铺购买，肯定不会拿到这样实惠的价格。"这是商家在做老客户的关怀工作时通常认为的老客户的心态。

提示与技巧

当然，淘宝网上的客户大都是奔着实惠来的。但是，如果我们给客户的价格不如其他皇冠级店铺甚至钻石级店铺给出的价格低，那么客户还会不会毫不动摇地在我们店铺购买呢？如果其他店铺给客户的价格比我们给出的价格低得多，那么客户会不会到其他店铺里购买呢？

其实客户在同一家店铺里重复消费，可能不仅出于价格原因，还有其他原因，例如。

- 品类齐全，价格便宜。
- 服务周到。
- 专业的售后服务流程。
- 重视客户。

7.2 客户分析

商家可以通过客户分析对客户进行分层，针对店铺的商品分析购买人群及客户画像，分析同类客户的购物需求，从而进行精准营销。

7.2.1 流量来源分析

销售额、转化率、客单价、访客数等网店运营数据基本都建立在流量的基础之上。没有流量，这些数据也就失去了分析的意义。所以在分析数据之前，首先要做的就是分析流量。分析流量，就需要对流量的来源有充分了解。下面介绍流量的来源。

生意参谋是阿里巴巴打造的商家统一数据平台，面向商家提供一站式、个性化、可定制的商务决策体验。可以更好地为商家提供流量、商品、交易等店铺经营的数据披露、分析、解读、预测等功能。

打开生意参谋，单击"流量"选项卡，在左侧导航栏中选择"店铺来源"选项，可以查看流量来源构成，分析当前自己店铺流量的来源渠道。如图 7-1 所示。

1．淘内免费流量

淘内免费流量是一个重要的流量来源，指的是访客通过淘宝网内免费流量渠道进入店铺。这类流量是每个商家都特别看重的，不需要付费，而且精准度非常高，特别是其中的淘宝网搜索流量、首页流量等。

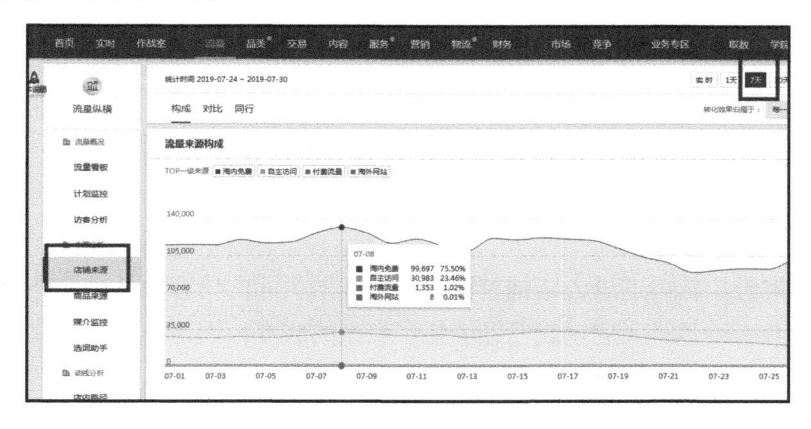

图 7-1　流量来源分析

2．付费流量

付费流量指的是访客通过淘宝网内付费流量渠道进入店铺，这类流量渠道是需要花钱去买的。但利用付费流量渠道前，商家必须做到让店铺的商品有足够的优势，如果没有优势，那么即使花钱了也没有办法保证店铺的成交率，也就没有办法提升店铺的转化率。

付费流量渠道有直通车、钻石展位、淘宝客、聚划算等，这也是商家比较喜欢的一大流量。因为这一部分流量获取容易，而且精准度也比较高。图 7-2 所示为聚划算为店铺带来流量。

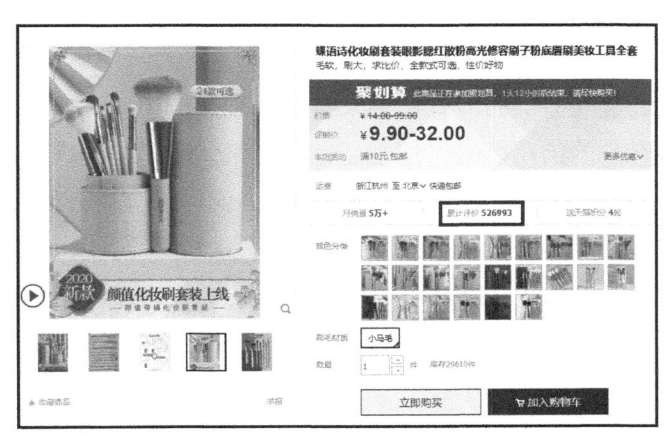

图 7-2　聚划算为店铺带来流量

3. 自主访问

自主访问是指访客主动进入店铺，进入途径有收藏夹、店铺首页地址、友情链接等。这种访客通常在店铺里购买过商品。这种流量一般来说是比较稳定的，而且店铺的转化率很高，分析这一部分流量主要看它的占比高不高。

4. 淘宝网外广告

通过淘宝网外广告渠道进入店铺首页或商品详情页面的访客数就是站外流量。从广告进入店铺的客户，一旦进入店铺就已经消耗了商家的成本，因为流量是商家花钱买来的。如果客户不产生交易，那么商家就亏了一份流量的成本。

> **小提示**
>
> 淘宝网流量提升的技巧。
>
> （1）淘宝网免费流量部分，最需要重视的是店铺优化，如店铺内商品标题优化、商品描述优化等。
>
> （2）淘宝网外搜索引擎部分，需要重视搜索引擎。
>
> （3）淘宝网付费流量部分，如参加淘宝网各种活动、直通车、钻石展位、淘宝客、聚划算等，通过付费推广能迅速提升淘宝网店铺销量。

7.2.2 官方客户标签

商家可以根据淘宝网提供的现有标签来给客户划分群组。淘宝网有两种显示会员等级的方法。一种是客户的信用等级，用心、钻、冠来体现，与商家等级相对应。只要在淘宝网上进行交易，并且完成交易，成功给予好评，就可以增加一个信用等级，如图7-3所示。

另一种是淘宝网 VIP 会员。阿里巴巴官方曾宣布，将"淘气值"作为阿里会员等级的统一衡量标准（包括天猫、淘宝），对不同"淘气值"的会员提供个性化服务。

客户在手机淘宝"我的淘宝"→"会员中心"可看到自己的"淘气值"，以此获知自己在"88会员"体系中的等级，并获得相应的福利，如图7-4和图7-5所示。

图 7-3　客户信用等级

图 7-4　会员中心

图 7-5　查看"淘气值"

7.2.3　客户分组管理

淘宝网后台会员管理工具提供客户分组管理功能，具体操作步骤如下。

（1）登录千牛卖家中心，在左侧导航栏中单击"营销中心"右侧的箭头，在弹出的菜单中单击"客户运营平台"链接，如图 7-6 所示。

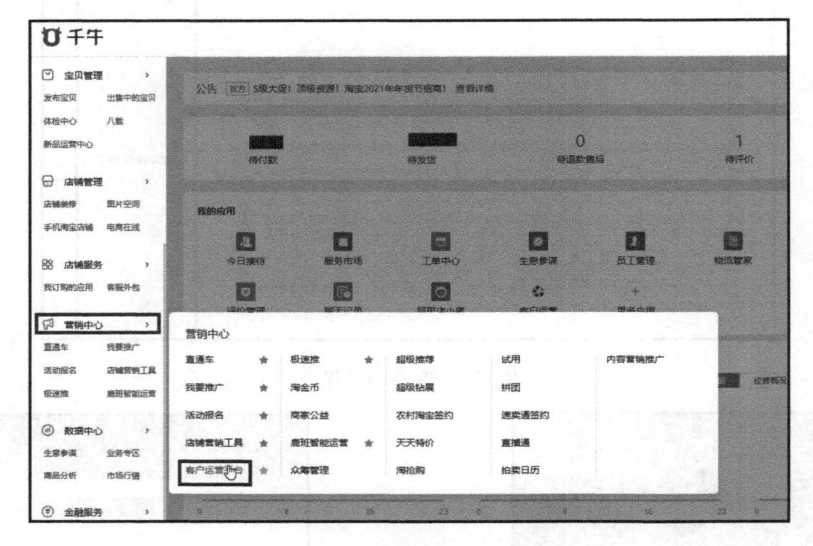

图 7-6　单击"客户运营平台"链接

（2）进入客户运营平台，选择"客户列表"选项，单击"分组管理"按钮，如图 7-7 所示。

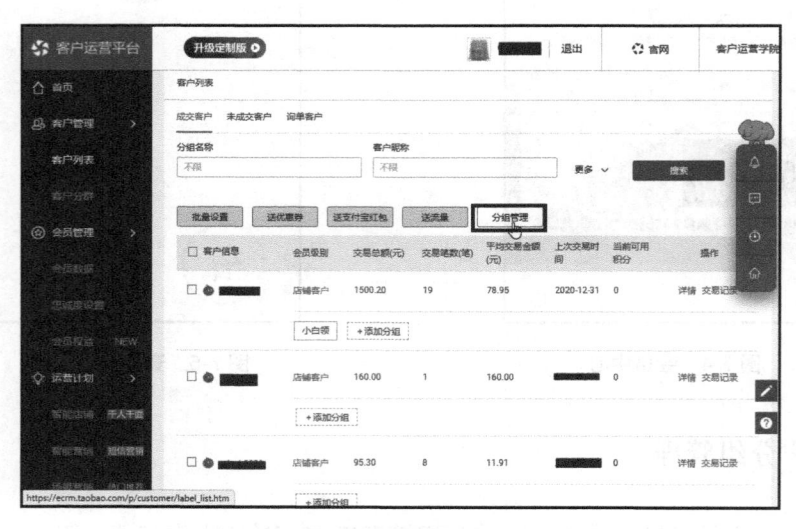

图 7-7　单击"分组管理"按钮

（3）最多可以设置 100 个分组，可以根据自己的需求来设置相应的分组，如图 7-8 所示。

图 7-8　分组管理

7.3　玩转淘宝群

淘宝群是面向老客户及粉丝的实时在线运营阵地，商家可通过淘宝群高效触达客户。

7.3.1　淘宝群的创建

商家在淘宝群里可以更直接地做促销活动，提升店铺转化率。淘宝群里的客户可以享受专享优惠，也可以一起交流购物经验。淘宝群内良好的互动环境是商家和客户互利共赢的基础。

商家通过淘宝群内多样化的营销工具，可以提高老客户的黏性。图 7-9 所示为淘宝群。

商家开通淘宝群的条件如下。

（1）店铺状态正常、近 30 天支付宝成交笔数≥30 笔；商家微淘等级为 L1 及以上。

（2）店铺近 180 天成交金额在 100 万及以上。

客户必须同时满足以下 3 个条件，方可使用淘宝群。

（1）拥有淘宝网会员账号，所绑定的支付宝账号已通过实名认证。

（2）淘气值≥400 分。

（3）账号下未开设店铺。

图 7-9　淘宝群

创建淘宝群具体操作步骤如下。

（1）打开"千牛卖家中心"→"自运营中心"→"淘宝群"，如图 7-10 所示。

（2）创建淘宝群，如图 7-11 所示，设置好群头像、群介绍、群类型以后，就可以直接引导客户进群，只有客户进群，后期才能做一些营销活动来促进客户的成交。

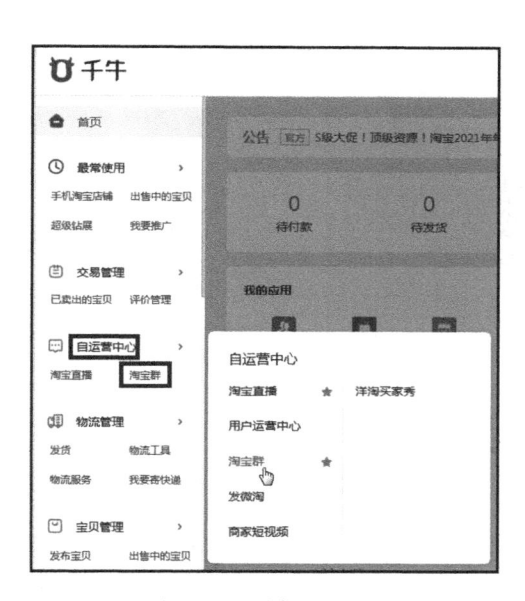

图 7-10 选择淘宝群

图 7-11 创建淘宝群

7.3.2 "淘金币打卡"玩法

淘金币打卡由淘宝网支出淘金币，凡建群商家均可使用，淘宝网、天猫商家可自行开启，客户每日进群打卡可领取 5 个淘金币+浏览打卡页面商品可领取 5 个淘金币。图 7-12 所示为淘宝群内"淘金币打卡"玩法。

淘金币可以用来抵现金，很多客户都喜欢攒淘金币，这个功能可以提高客户打开淘宝群的频率，对于搞其他活动很有帮助。而且由淘宝网提供淘金币奖励打卡客户，客户还可获得在淘金币频道额外展现的机会。通过打卡来带动客户进群率和活跃度，不仅能满足客户占便宜的心理而且能带动购买的氛围，形成"羊群效应"。

（1）商家使用门槛：已建群商家均可自行开启使用。

（2）客户领取条件：每位客户都可以进任一淘宝群进行打卡，而后得 5 个淘金币+浏览打卡页面商品得 5 个淘金币；单个客户每天仅可领取 10 个淘金币。

（3）淘金币支出说明：淘金币打卡所发放的淘金币，均由淘宝网支付，商家零支出。

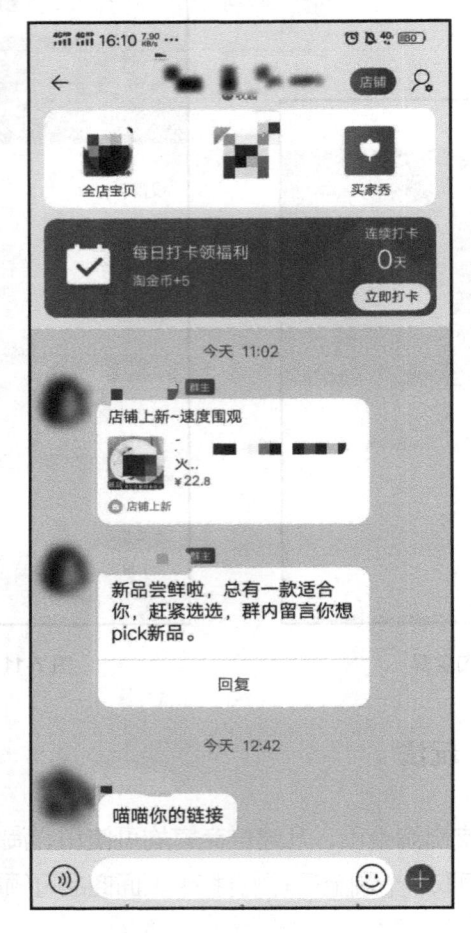

图 7-12　淘宝群内"淘金币打卡"玩法

7.3.3 "限时抢购"玩法

"限时抢购"玩法非常简单，首先把自己店铺的商品发到淘宝群，群成员可在活动时间内享受优惠，如前 100 名减 30 元。这个玩法非常适合店铺里需要冲销量的商品或刚刚上架的新品，这样不仅可以巩固老客户，还能达到商品冲销量的目的。

"限时抢购"玩法可以有效提升群成员的次日回访率或打开淘宝群的频率，比如，每日可以安排 1 场或多场当日立即开始的限时抢购+当日预热但明天才开始的限时抢购。图 7-13 所示为淘宝群内"限时抢购"玩法。

"限时抢购"玩法规则如下。

（1）限时抢购只面向群成员，不在搜索引擎和店铺中展示。

（2）宝贝详情页面会展现"群专享"（仅群成员可见）。

（3）只有活动开始后，点击群内链接进入宝贝详情页面才可享受限时抢购价格。

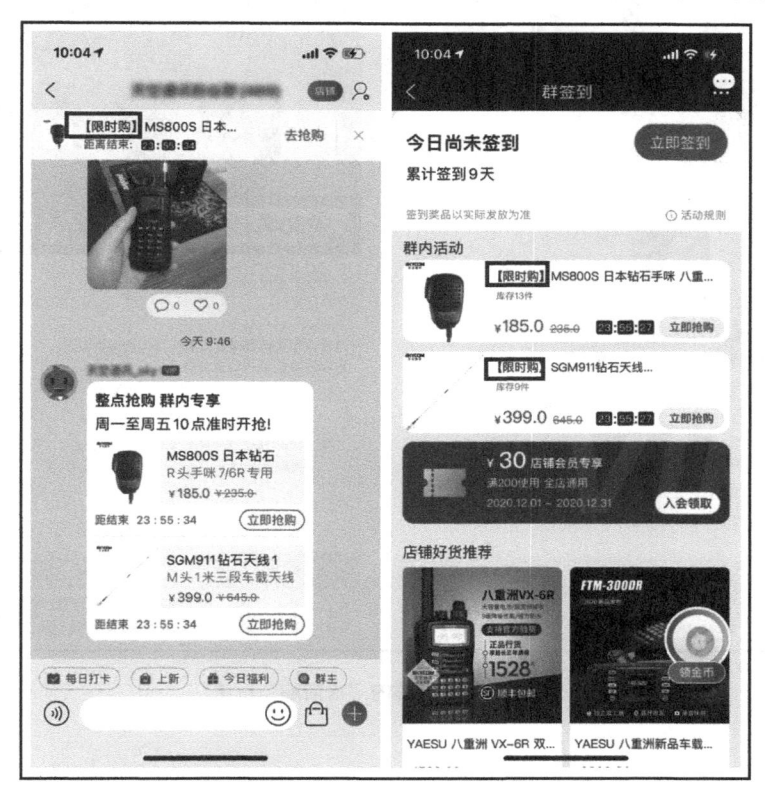

图 7-13 淘宝群内"限时抢购"玩法

7.3.4 "提前购"玩法

"提前购"玩法其实很简单，就是淘宝群成员在商品正式发布前可提前购买，作为店铺给到群成员的优先购买权益回馈。对于商家来说，可以帮助商家做新品预告、潜力爆款的打造。

对于喜欢新品的客户来说，经常会遇到新款上新却抢不到现货的情况，商家可以针对加入淘宝群的客户提供一个提前购的福利。图 7-14 所示为淘宝群内"提前购"玩法。

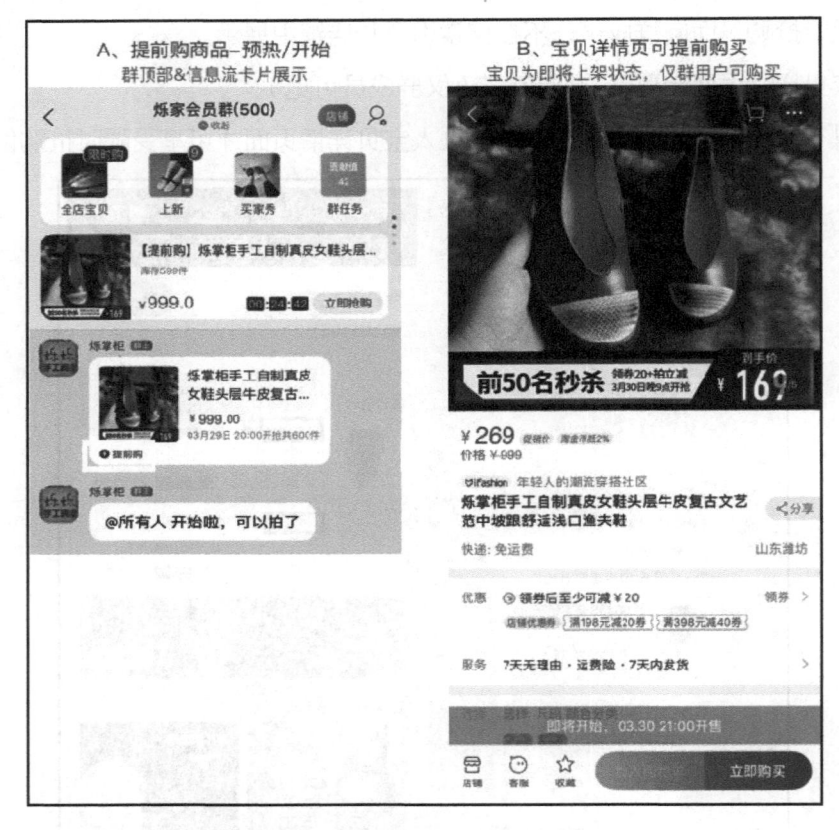

图 7-14 淘宝群内"提前购"玩法

7.4 维护好客户关系

店铺应该把有限的资源放到对重点客户的维护上，细分他们的需求，更加精准地促销，才有可能形成爆炸式的利润增长。

7.4.1 会员忠诚度管理

维护老客户越来越重要,那么怎样才能更方便地维护商家与老客户的长期关系,增强客户的忠诚度呢?

会员忠诚度管理具体操作步骤如下。

(1)登录千牛卖家中心,单击"营销中心"下的"客户运营平台"链接,如图 7-15 所示。

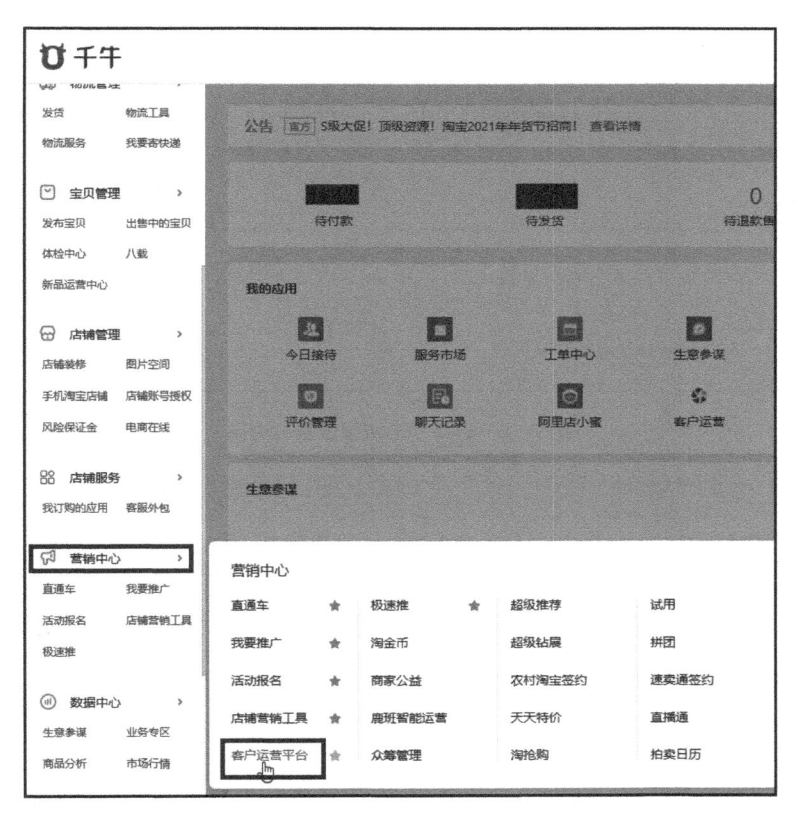

图 7-15 单击"客户运营平台"链接

(2)进入"客户运营平台"页面,选择左侧导航栏中"会员管理"下面的"忠诚度设置"选项,如图 7-16 所示。

▶电商多平台客服实战
淘宝、京东、拼多多

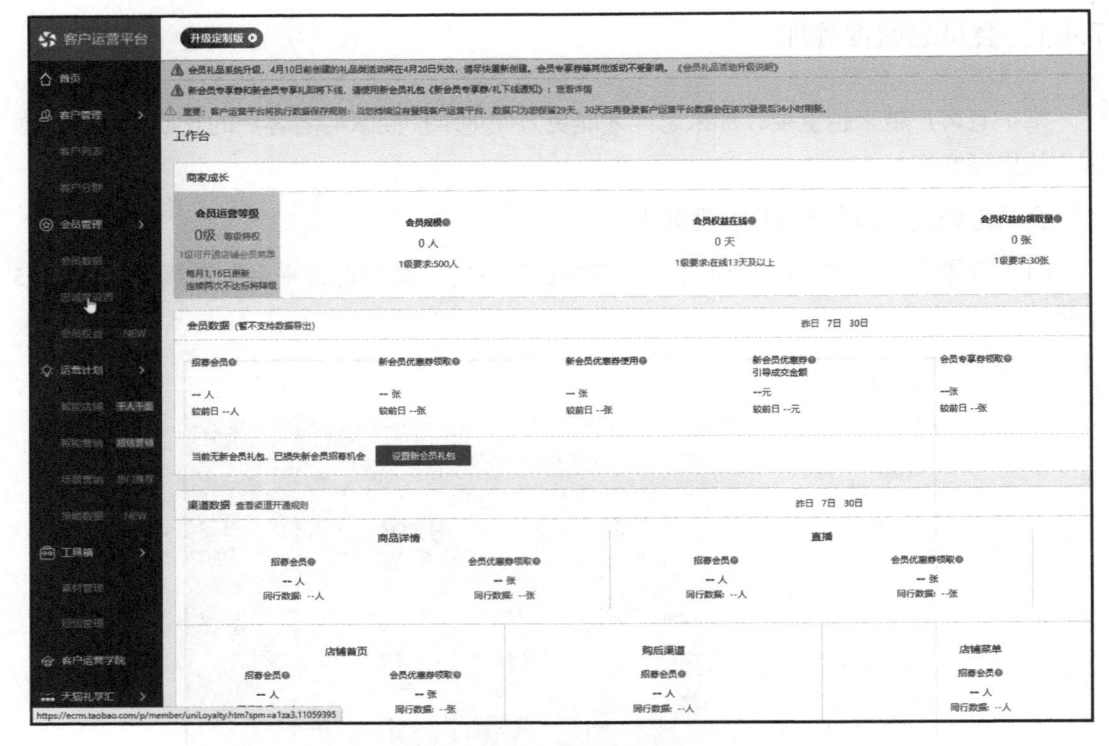

图 7-16 选择"忠诚度设置"选项

（3）进入"忠诚度管理"页面，单击"VIP设置"右侧的"立即设置"按钮，如图7-17所示。

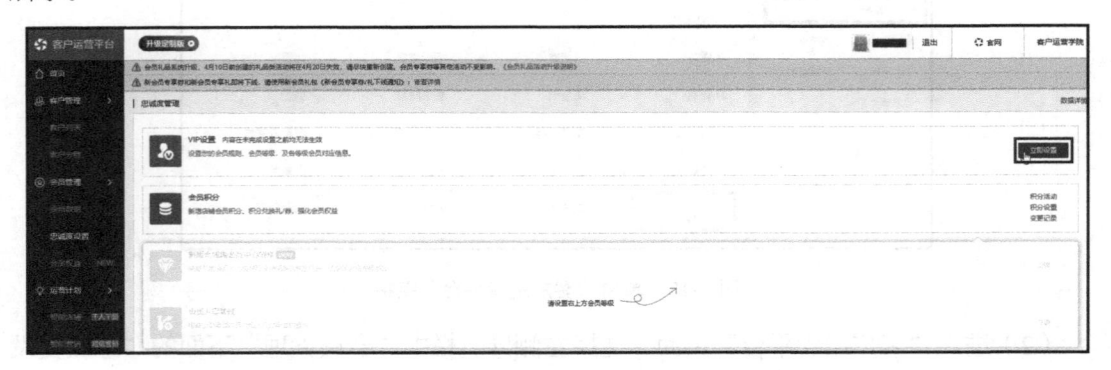

图 7-17 单击"立即设置"按钮

（4）可以设置不同的会员级别，增强客户的忠诚度，如图7-18所示。

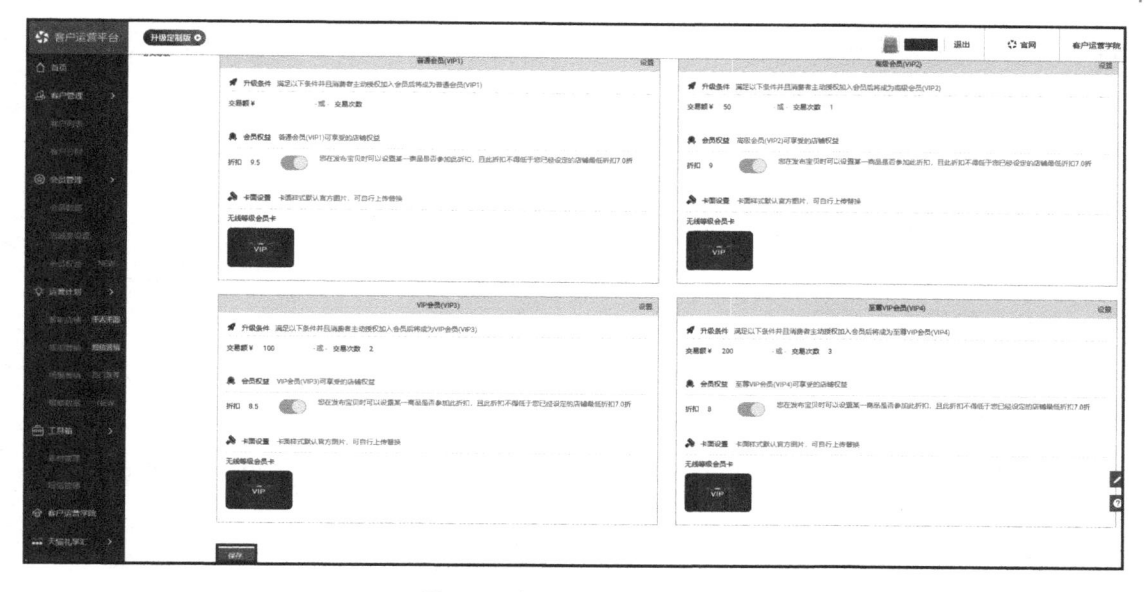

图 7-18　设置不同的会员级别

7.4.2　如何维护好客户资源

对于客服来说，老客户是一种特有的资源，需要精心维护。客服要主动与老客户联系，把店里的新品介绍给老客户，店里有什么促销活动也要及时通知老客户。一些网店会在年前或年后对老客户进行拜年回访，这样不仅能把新品和店铺的最新消息在第一时间告知老客户，也能增进店铺和老客户之间的关系，从而有助于店铺的生意蒸蒸日上。

做淘宝网店的商家一般都很辛苦，有时候网店的利润非常低，但仍有一些客户讨价还价。有时候还会因为与一位难缠的客户沟通而丧失与其他客户成交的机会。

可以在千牛中单独创建一个组，把类似的客户都放到这个组里面。对于那种几十元还砍价的客户，我们可以选择不与其交易，因为与其交易的过程不仅累且利润低。而对于其他客户，平时有什么特价的商品或促销活动都可以通知他们。

提示与技巧

在淡季，商家可以定期、不定期地发布新品，以提高店铺的吸引力。如果客户在淡季能够接受店铺提供的新品及新品的价格，那么新品在旺季的销售量就更不用说了，可以想象那一定会是一个供不应求的局面。

7.4.3 如何维护好老客户

大家都明白这样一个道理：老客户的维护成本是远远低于新客户的开发成本的。那么，怎样维护好老客户呢？

（1）提供更多优惠措施，如给予一定的价格折扣、赠送礼品等；经常和老客户沟通，保持融洽的关系。

（2）特殊客户特殊对待。80/20原则指的是企业80%的利润是由20%的客户创造的。美国哈佛商业评论杂志发表的一篇研究报告指出：老客户比新客户可为企业多带来20%～85%的利润。所以，商家要根据客户本身的价值来细分客户，密切关注高价值的客户，使他们成为店铺的忠诚客户。

（3）提供系统化解决方案。不能仅停留在向客户销售商品的层面上，还要主动关心和支持客户，增强客户的购买力，扩大其购买规模。

（4）建立客户数据库，与客户建立良好的关系。可以通过千牛或短信问候、节日祝福、生日祝福、小礼品等来维系客户关系。交易的结束并不意味着客户关系的结束，在此之后还必须与客户保持联系，以确保他们对店铺的好感能够持续下去。

（5）与客户进行深入沟通，避免不必要的误解。客户的需求不能得到满足往往是导致店铺客户流失的主要原因。

一方面，客服应及时将经营策略的变化信息传递给客户，便于店铺有关客户工作的顺利开展。同时收集客户对店铺商品、服务及其他方面的意见和建议，并将其融入店铺各项工作的改进之中。这样，既可以使老客户知晓店铺的经营意图，又可以有效地调整店铺的经营策略以适应客户需求的变化。

另一方面，客服要善于倾听客户的意见和建议，建立相应的投诉和售后服务沟通渠道，及时处理客户的不满，并且从尊重和理解客户的角度出发，站在客户的立场上思考问题，抱着积极、热情的态度处理问题。同时也要跟进了解客户，当出现问题时，要采取积极有效的补救措施。

7.5 习题

一、填空题

（1）_____就是通过对客户详细资料的深入分析，来提高客户的满意度，从而提高店铺竞争力的一种手段。

（2）_____是一个重要的流量来源，指的是访客通过淘宝网内免费流量渠道进入店铺。

（3）_____指的是访客通过淘宝网内付费流量渠道进入店铺，这些流量渠道是需要花钱去买的。付费流量渠道有直通车、钻石展位、淘宝客、聚划算等。

（4）_____是由淘宝网支出淘金币，凡建群商家均可使用，淘宝网、天猫商家可自行开启。

（5）_____的原理其实很简单，就是群成员在商品正式上新前可提前购买，以作为店铺给到群成员的优先购买权益回馈。

二、简答题

（1）什么是客户关系管理？

（2）如何做好客户关系管理？

（3）老客户具有哪些优势？

（4）怎样增强客户的忠诚度？

（5）如何维护好老客户？

第 8 章

京东客服实操

客服的服务好坏直接影响到整个店铺的营业额。要想成为京东的客服,学习好京东客服工具是前提。客服工具是每个客服都必须掌握的,要对咚咚工作台、京东客服管家、客服魔方等工具非常熟悉,这样不仅能提高工作效率,同时能更好地引导客户下单,提高店铺的转化率。

知识导图:

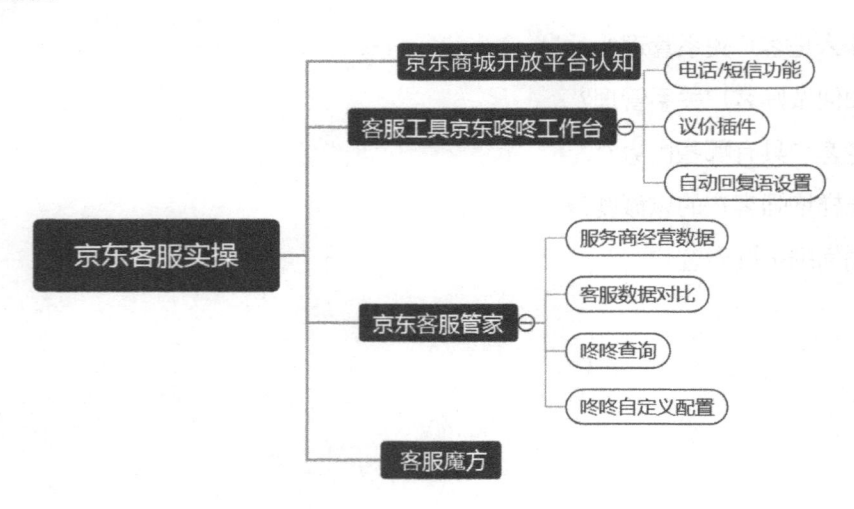

```
                    ┌── 京东商城开放平台认知      ┌── 电话/短信功能
                    │                           │
                    ├── 客服工具京东咚咚工作台 ──┼── 议价插件
                    │                           │
                    │                           └── 自动回复语设置
                    │
                    │                           ┌── 服务商经营数据
京东客服实操 ───────┤                           │
                    │                           ├── 客服数据对比
                    ├── 京东客服管家 ───────────┤
                    │                           ├── 咚咚查询
                    │                           │
                    │                           └── 咚咚自定义配置
                    │
                    └── 客服魔方
```

第 8 章 京东客服实操

学习目标：

- 熟悉京东商城开放平台认知。
- 掌握客服工具京东咚咚工作台。
- 掌握京东客服管家。
- 掌握客服魔方。

8.1 京东商城开放平台认知

京东商城开放平台简单来说就是第三方商家借用京东来销售商品。京东商城开放平台区别于京东自营。京东自营是京东自己进货，自己销售，自己配送。

2010年，京东向第三方商家开放，京东商城开放平台业务正式上线。几年内，数万个商家纷纷入驻京东商城开放平台。

京东与天猫的区别在于京东突出商品，而天猫突出店铺。京东商城开放平台发展的方向是"品牌化"，商家在运作京东店铺时，商品的实际意义要远远大于店铺呈现的商品意义。

京东平台历经14年的发展，在互联网零售领域不断深耕并创新商业模式，由高客单价的3C数码、家电起家，通过在图书、居家、时尚、医药、生鲜、食品等品类的拓展，成功转型为中国领先的零售企业和零售基础设施服务商，服务于中国数亿个家庭和十几万个品牌厂家。

京东商城开放平台为第三方商家提供了开店一条龙服务，从注册入驻到开店、商品交易、售后服务、物流配送等。京东商城开放平台覆盖了医药健康、手机、家装、生鲜等商品。图 8-1 所示为京东商城和在京东商城开放平台开店的商家。

图 8-1　京东商城和在京东商城开放平台开店的商家

8.2　客服工具京东咚咚工作台

咚咚工作台是京东推出的面向京东第三方商家的一整套电商即时通讯软件,支持商家接待客户咨询,提高工作效率,促成订单交易。

8.2.1　电话/短信功能

为了促使商家与客户沟通的便利性,提高客户体验及订单量的增长,提升商家效率,降低商家成本,咚咚工作台设置了电话/短信功能,商家在咚咚工作台上可实现一键电话/短信联系客户,方便快捷。咚咚工作台聊天页面上方图标表示一键电话/短信直达,可以直接以短信或电话的方式与客户沟通,如图 8-2 所示。

图 8-2　电话/短信功能

电话/短信功能设置及使用的具体操作步骤如下。

（1）登录咚咚工作台，单击"快捷入口"，选择"咚咚管家"，如图 8-3 所示。

（2）在"京东客服管家"页面，选择"服务商管理"→"咚咚电话设置"，单击"开通服务"按钮，一键开通咚咚电话服务，如图 8-4 所示。

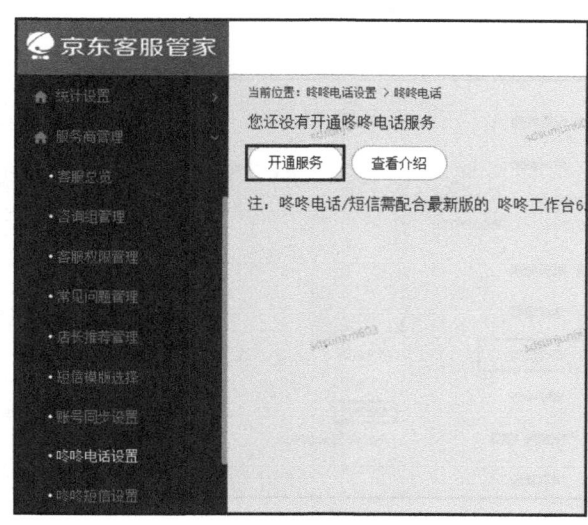

图 8-3　快捷入口　　　　　　　图 8-4　开通咚咚电话服务

（3）在"京东客服管家"页面，选择"服务商管理"→"咚咚短信设置"，单击"开通服务"按钮，一键开通咚咚短信服务，如图8-5所示。

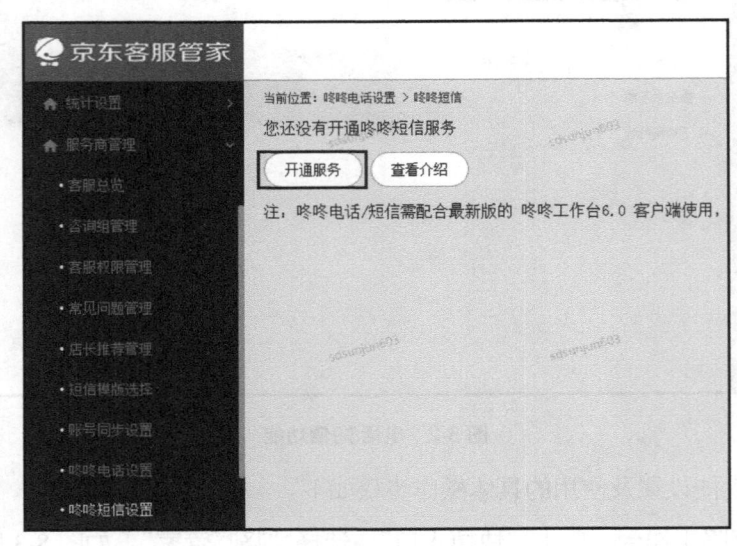

图8-5　开通咚咚短信服务

8.2.2　议价插件

议价是一种营销手段，商家可以通过京东咚咚议价插件，给客户要购买的议价商品直接设置优惠。优惠方式为优惠券，设置完成后，优惠券将发放到用户账户中。议价插件设置及使用的具体操作步骤如下。

（1）登录京东商家中心，选择"账号管理"→"角色管理"，如图8-6所示。

（2）设置要赋予的角色权限，勾选"砍价活动"复选框，单击"保存"按钮，如图8-7所示。

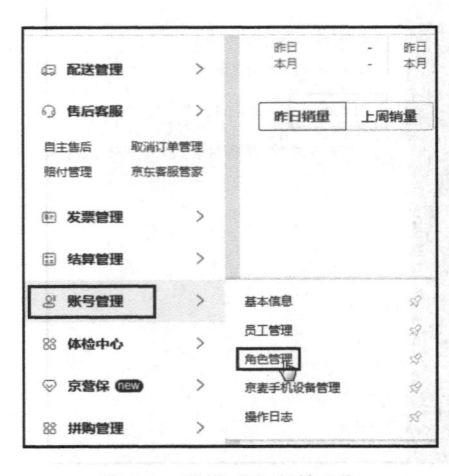

图8-6　选择"角色管理"

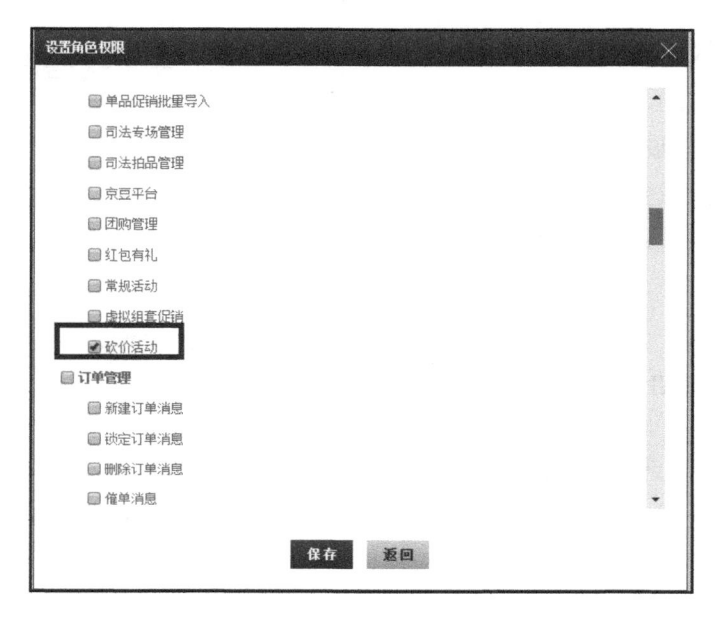

图 8-7　设置角色权限

（3）登录咚咚工作台，单击"应用"，进入"咚咚应用中心"页面，单击"议价助手"插件，如图 8-8 所示。

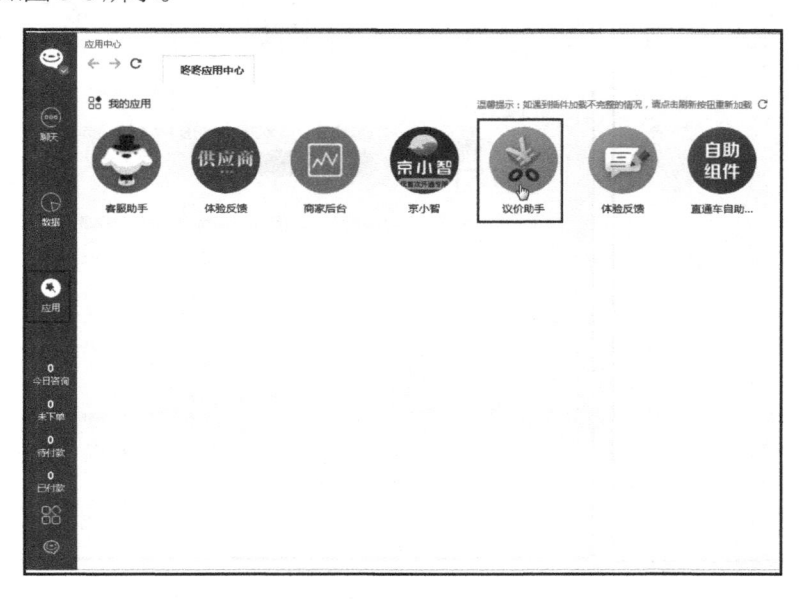

图 8-8　单击"议价助手"插件

（4）添加"议价助手"插件后，客户单击"联系卖家"按钮与客服沟通，如咨询过程中存在议价场景，双方达成一致后，客服单击"议价"插件。如图8-9所示，设置优惠券满减金额，优惠力度不可超过7折，例如：100元商品，最高可以减30元，优惠券自动发放至用户账户内。

8.2.3 自动回复语设置

为了节省时间，商家一般都会设置一些京东咚咚自动回复语来回复客户，具体操作步骤如下。

图8-9 设置优惠券满减金额

（1）登录咚咚工作台，单击"主菜单"，选择"设置"选项，如图8-10所示。

（2）弹出"设置"页面，选择顶部"客服设置"选项卡，然后单击左侧导航栏中的"自动回复"，在界面中单击"自动回复"按钮，如图8-11所示。

图8-10 选择"设置"选项

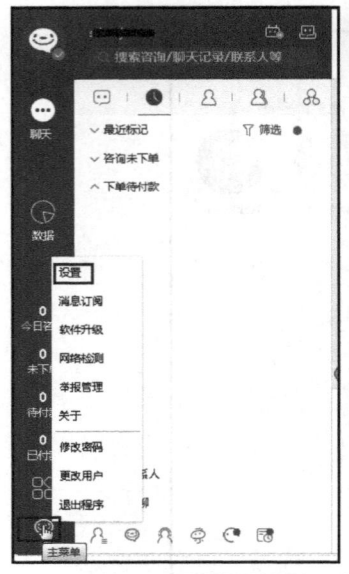

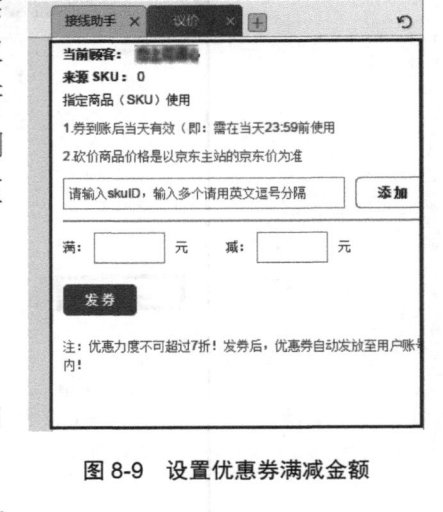

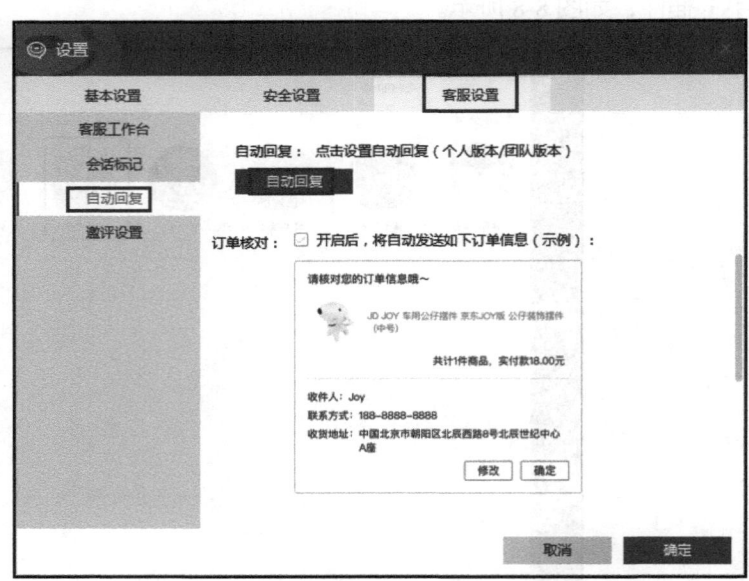

图8-11 单击"自动回复"按钮

（3）进行自动回复语设置，分别设置离线状态的回复语和第一次收到客户消息的回复语，如图 8-12 所示。

下面是一些实用的自动回复语，帮助客服留住客户。

♫ 您好，欢迎光临 XXX 专营店，请问有什么可以帮到您的？

♫ 您好，欢迎光临 XXX 店！非常高兴为您服务，有什么可以为您效劳的呢？

♫ 您看中的这款宝贝是有现货的，您可以放心拍哦。

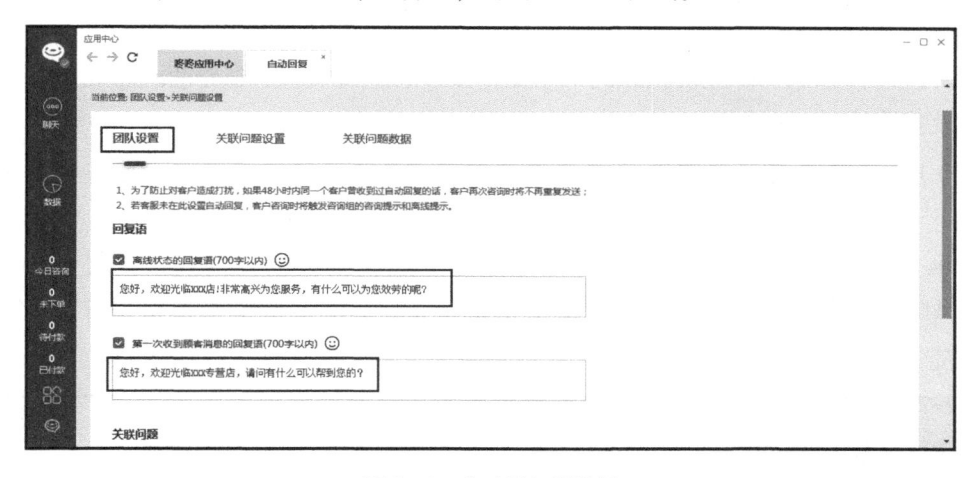

图 8-12　自动回复语设置

（4）进行关联问题设置，关联问题会出现在回复语下方，如图 8-13 所示。

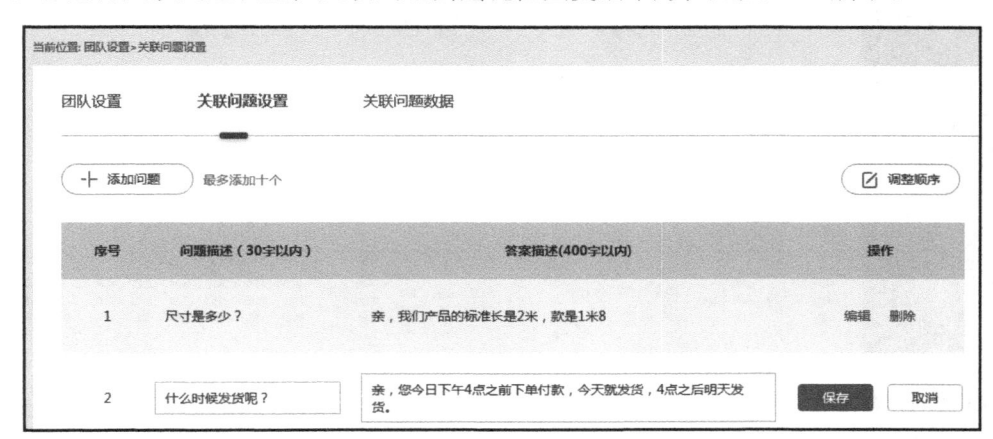

图 8-13　关联问题设置

8.3 京东客服管家

在京东客服管家中，商家可以查看服务商经营数据、客服个人工作数据，如销售绩效、满意度评价，还可以通过咚咚查询查看客服促成的单品和订单详情等。

8.3.1 服务商经营数据

服务商经营数据可以查询服务商工作量、服务商销售绩效、服务商满意度评价，查询的数据支持导出 Excel 文件。

（1）服务商工作量，如图 8-14 所示，可以查询某段时间内的数据。主要指标包括值班客服数、登录时长、店铺服务时长、UPV、咨询量、接待量、连通率、应答率（回复率）、30s 应答率、满意率、邀评率、平均回复消息数、平均会话时长、首次平均响应时间、平均响应时长、留言咨询量、留言分配量、超时回复数、留言接待量、留言回复率、留言响应率、商家留言率、解决率。

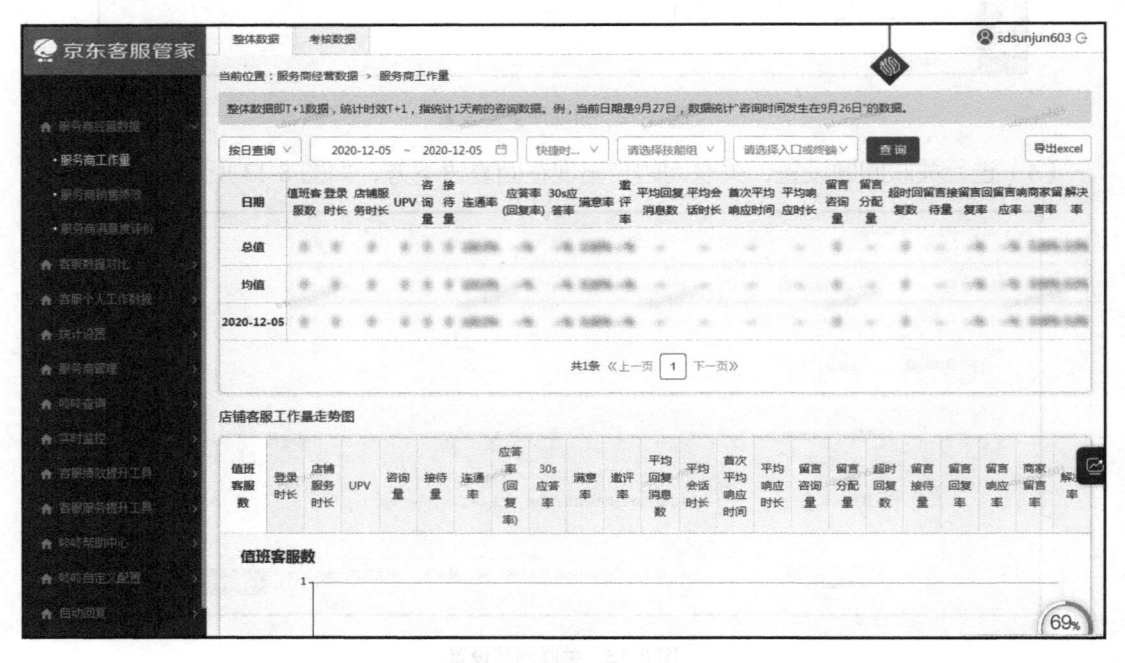

图 8-14　服务商工作量

第 8 章
京东客服实操

（2）服务商销售绩效，如图 8-15 所示，主要指标包括值班客服数、售前接待人数、促成下单人数、促成出库人数、促成下单订单数、促成出库订单数、促成下单商品数、促成出库商品数、促成下单商品金额等，帮助客服提高销售和服务能力，提升店铺销售额等。

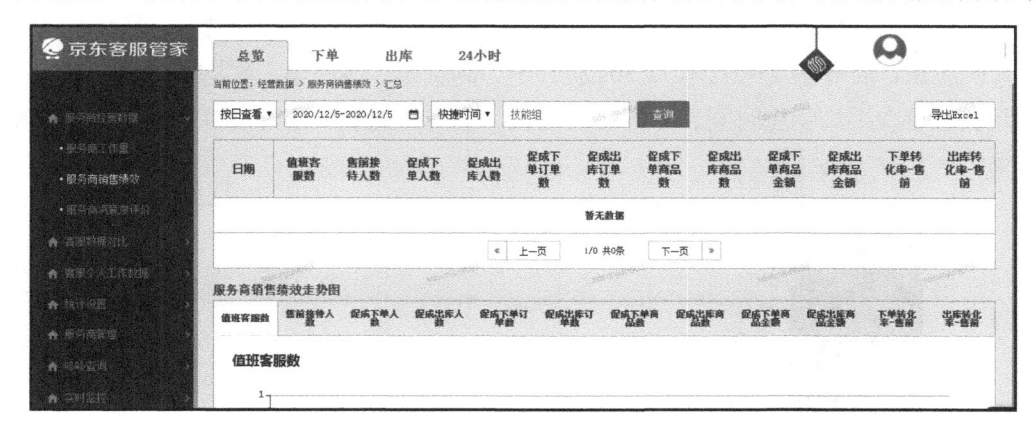

图 8-15　服务商销售绩效

（3）服务商满意度评价，如图 8-16 所示。商家是否成功的重要因素是回头客是不是更多，商品卖出后的口碑是不是更好。想要客户主动掏钱买东西，必须要做到让客户满意，做出好的评价。主要指标包括日期、值班客服数、接待量、评价量、非常满意（数量）、满意（数量）、一般（数量）、不满意（数量）、非常不满意（数量）、满意率、解决量、未解决量、解决率。

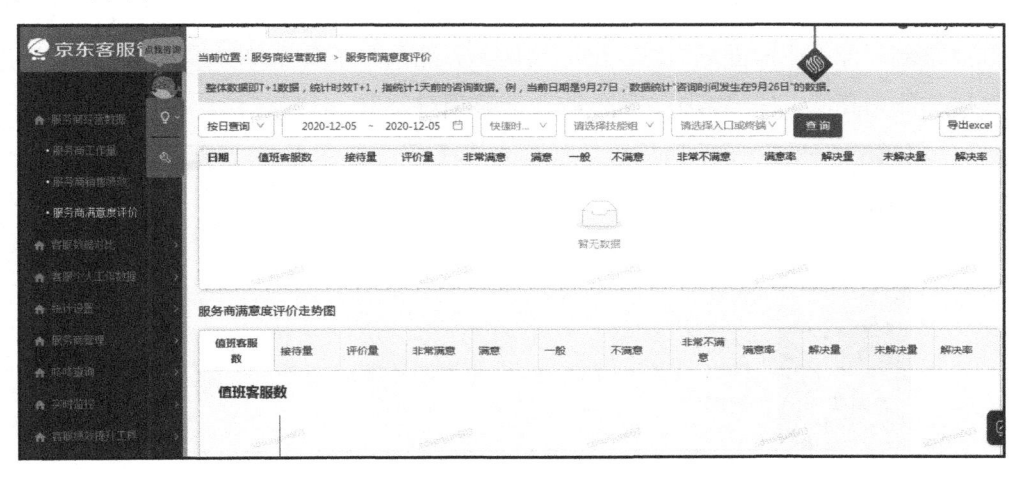

图 8-16　服务商满意度评价

8.3.2 客服数据对比

客服数据对比包括工作量对比、销售绩效对比、出勤情况对比。

（1）工作量对比如图 8-17 所示。主要指标包括登录时长、接待时长、咨询量、接待量、无响应量、应答率（回复率）、30s 应答率、满意率、邀评率、平均回复消息数、平均会话时长、首次平均响应时间、平均响应时长、留言分配量、留言接待量、留言响应率、解决率。

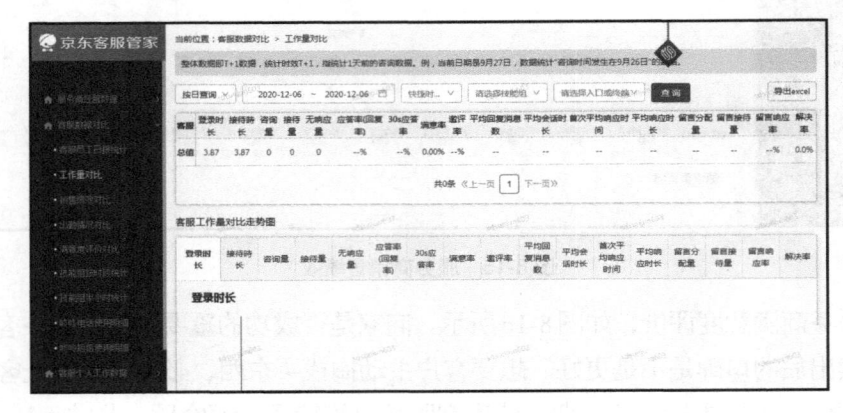

图 8-17　工作量对比

（2）销售绩效对比如图 8-18 所示。主要指标包括售前接待人数、促成下单人数、促成出库人数、促成下单订单数、促成出库订单数、促成下单商品数、促成出库商品数、促成下单商品金额、促成出库商品金额。绩效考核一方面是为了激励客服，另外一方面是为了分清客服的能力高低，保障客服之间的收入能够相对公平，优胜劣汰。

图 8-18　销售绩效对比

（3）出勤情况对比如图 8-19 所示，主要指标包括上班天数、登录时长、日均登录时长、接待时长、日均上线时间、日均下线时间、操作。

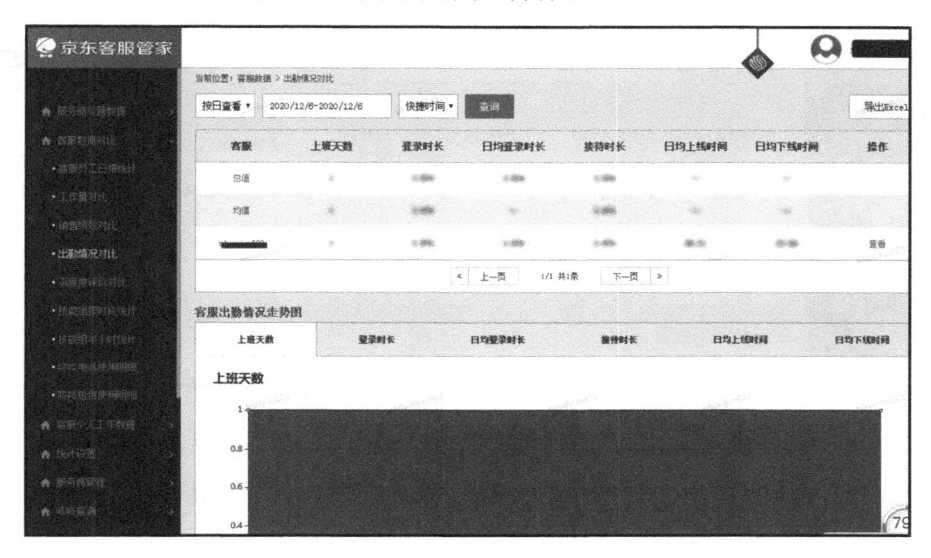

图 8-19　出勤情况对比

8.3.3　咚咚查询

咚咚查询包括促成订单查询、单品促销查询、订单核算、客户咨询查询和聊天记录查询。

（1）促成订单查询如图 8-20 所示，主要指标包括咨询时间、下单时间、商品编号、商品名称、客服、客户、所属订单编号、商品单价（？）、购买数量、订单状态、关联会话。

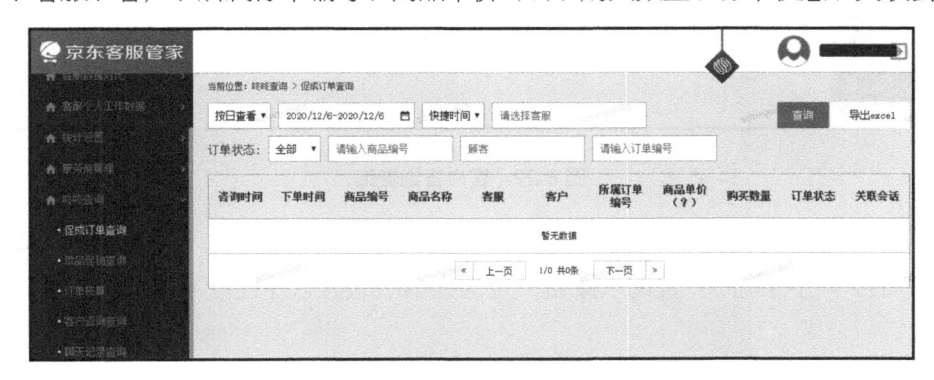

图 8-20　促成订单查询

（2）单品促销查询如图8-21所示，主要指标包括商品编号、商品名称、单品接待量、促成下单人数、促成下单数量、促成下单金额、咨询→下单转化率、操作。

图 8-21　单品促销查询

（3）客户咨询查询如图8-22所示，主要指标包括咨询时间、咨询类型、客服、转接客服、顾客、技能组、商品编号、商品名称、平均响应时间（S）、首次响应时间、会话时长（M）、客户消息数、客服消息数、满意度、是否解决、评价来源、不满意原因、操作。

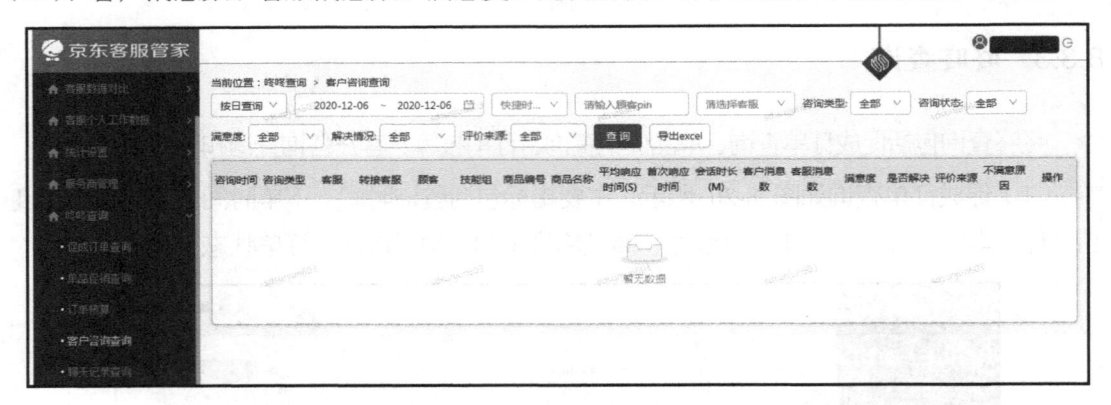

图 8-22　客户咨询查询

（4）聊天记录查询如图 8-23 所示，打开右侧窗口，再按照上方的内容进行选择与输入，完成后再单击右侧的"查询"按钮，查询到相应的信息并进行下载。

图 8-23　聊天记录查询

8.3.4　咚咚自定义配置

可以设置快捷入口管理、订单卡片管理和留言分配管理。

（1）快捷入口管理如图 8-24 所示，分别是评价、我要催单、退换货、物流查询、售后查询信息。

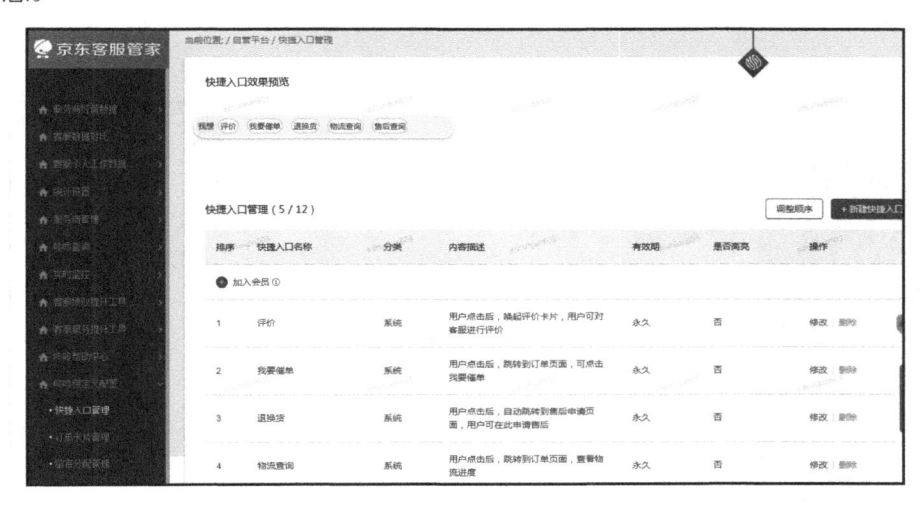

图 8-24　快捷入口管理

（2）订单卡片管理如图 8-25 所示，核对订单卡片，开启订单卡片开关，填写发送时间和自定义话术。

▶电商多平台客服实战
淘宝、京东、拼多多

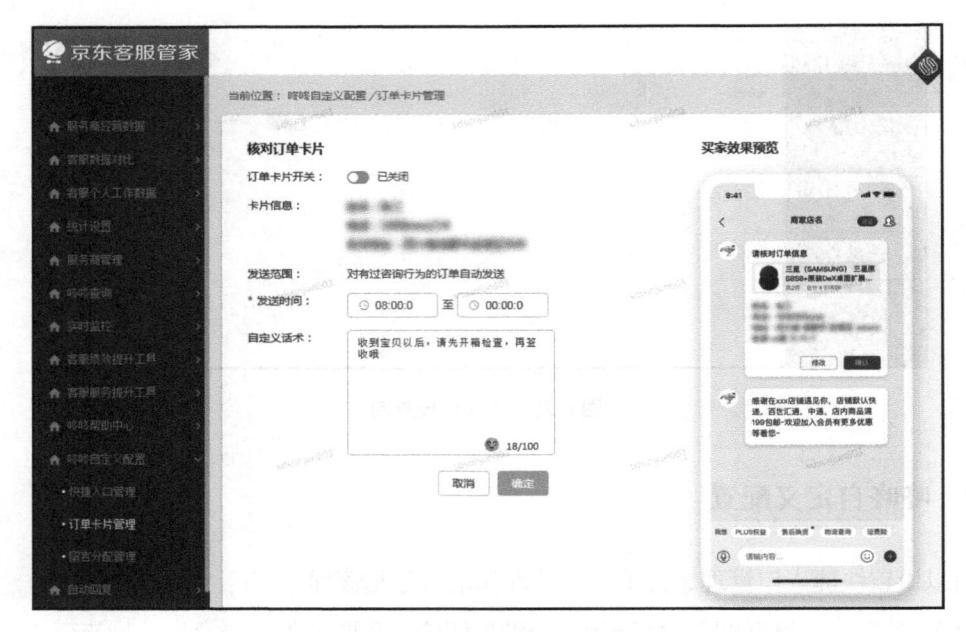

图 8-25　订单卡片管理

（3）留言分配管理如图 8-26 所示，开启留言指定分配后，留言将分配给指定客服接待。

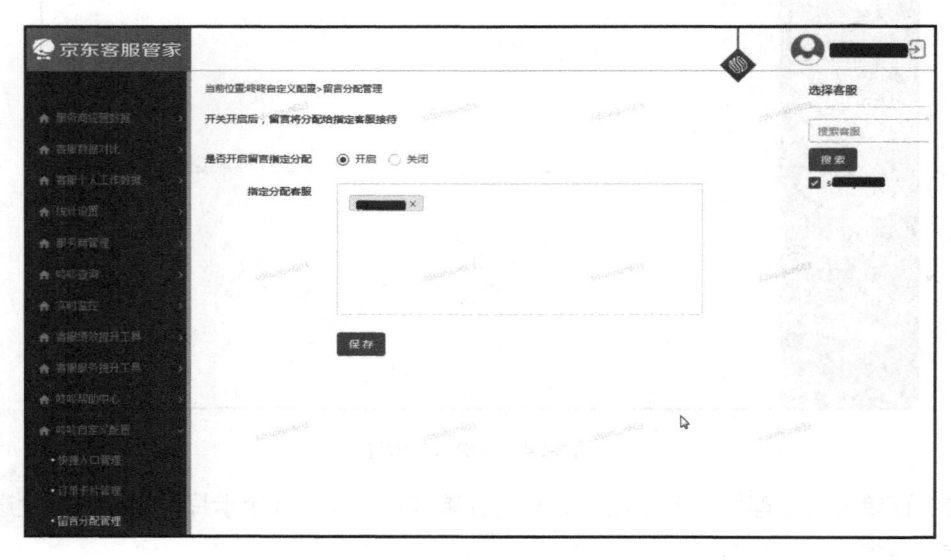

图 8-26　留言分配管理

8.4 客服魔方

客服魔方是京东商城开放平台为商家提供的客服管理工具。通过创新型技术手段、科学化的运营策略及多维度数据等方式，实现实时客服坐席监控、待转化一键催付、精准分析报表等功能，帮助商家优化客服服务指标，挽回流失的客户，提高店铺转化率，从而提升客服的服务质量和销售能力。图 8-27 所示为客服魔方。

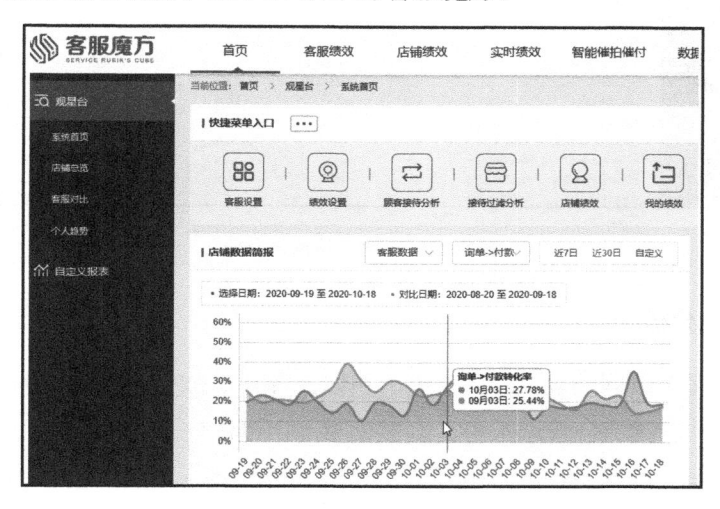

图 8-27　客服魔方

1．智能催拍催付系统

智能催拍催付系统包含待转化池、任务管理、任务统计三个子栏目，如图 8-28 所示。进入"智能催拍催付"页面，单击"话术列表"链接，可看到已添加的话术，每个话术都包含"话术名称""话术类型""商品类型""适用范围""话术内容"等。单击"添加话术"按钮，即可添加新的话术。

提示与技巧

要根据店铺售出商品的情况，选择合适的时机。若客户拍下后 10 分钟还未付款，则可以直接联系客户，采用核对收货地址等方式进行隐形催付。

店铺的每一个流量都来之不易，而咨询未下单或下单未付款的客户几乎就只差"临门一脚"，对于这样珍贵的流量，一定不能浪费，掌握好的催付技巧，善用好的催付工具，一定能提高店铺的销售额。

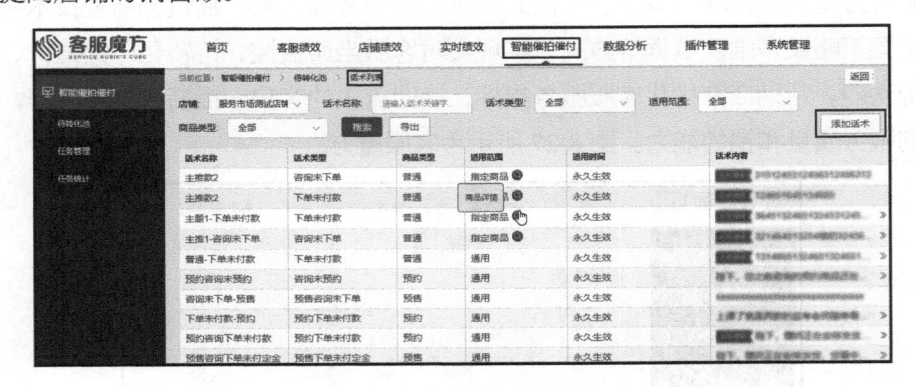

图 8-28　智能催拍催付系统

2．强大数据分析

客服魔方的强大数据报表及分析功能，可以从接待、成交、流失、服务等多个维度进行数据分析，提升店铺综合管理水平，以数据驱动店铺优化。

登录客服魔方，选择"数据分析"→"接待分析"→"商品推荐分析"→"商品推荐汇总"，如图 8-29 所示。

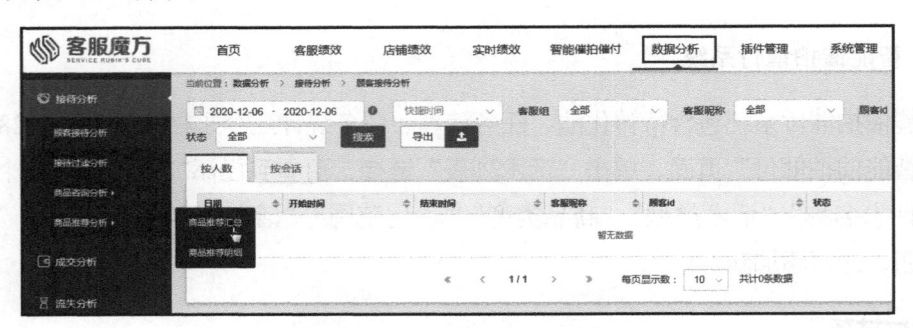

图 8-29　商品推荐汇总

在搜索结果页面中，有对应每个客服的推荐顾客数、购买人数、购买占比、购买件数、购买金额，以及客服推荐分析和推荐明细，可清楚地知道客服推荐商品的各项数据，如图 8-30 所示。

第 8 章
京东客服实操

图 8-30 商品数据分析

提示与技巧

商品推荐分析包含商品推荐汇总和商品推荐明细两个维度，一方面反映客服推荐商品的数据，体现客服的销售能力；另一方面可获知获得推荐次数较多的商品数据，优化主推商品设置。通过客服推荐商品的数据对比，可调动客服进行商品营销的主动性，在客户咨询时积极进行商品推荐，提升店铺客单价及转化率。

3. 客服绩效

登录客服魔方，选择"客服绩效"→"专项报表"→"工作量"。在"工作量"中有关于客服实际工作的 20 多项数据，如咨询量、接待量、直接接待量、转入量、转出量、顾客发起量、客服主动跟进量、总消息数等，如图 8-31 所示。

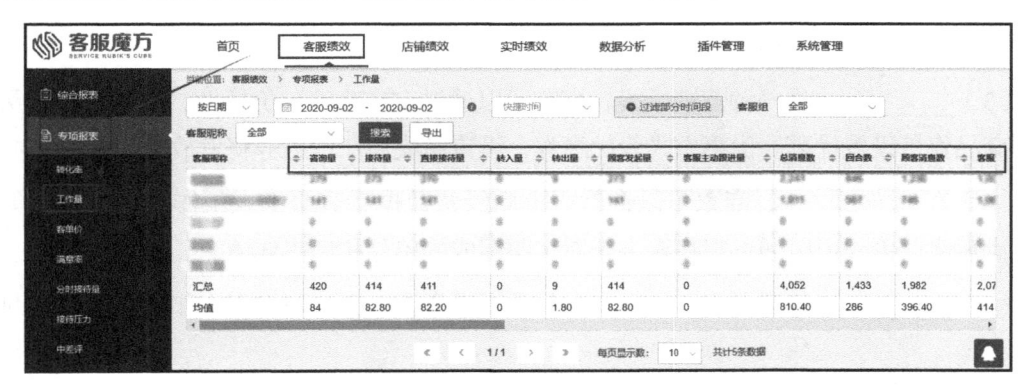

图 8-31 工作量数据

选择"客服绩效"→"综合报表"→"汇总"。在这里最关键的一项是个人销售额占比，一般销售额占比小的都属于客单价较低的类目，如图8-32所示。

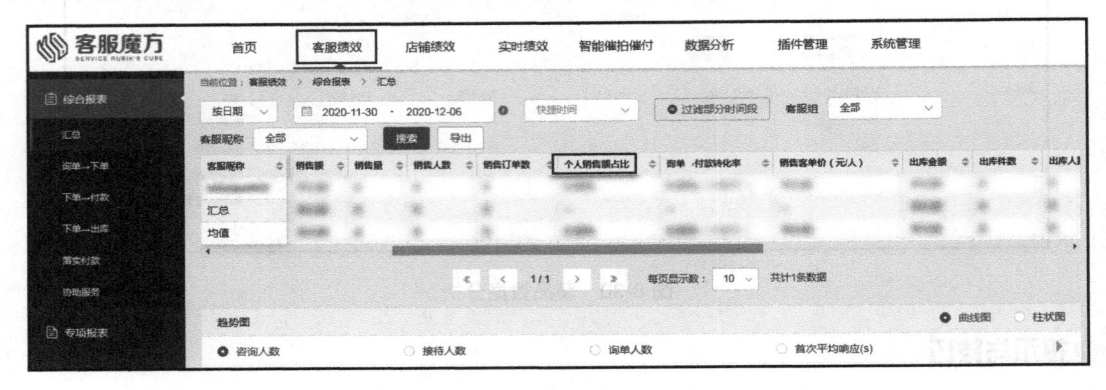

图 8-32　综合报表汇总

8.5　习题

1．填空题

（1）_____是京东推出的面向京东商家的一整套电商即时通讯软件，支持商家接待客户咨询，提高工作效率，促成订单交易。

（2）_____是咚咚工作台的官方核心插件，客服助手包括客户订单、服务单、商品、优惠券4个模块。用于辅助客服与客户进行售前售后高效沟通。

（3）_____是一种营销手段，商家可以通过京东咚咚议价插件，给客户要购买的议价商品直接设置优惠。优惠方式为优惠券，设置完成后，优惠券将发放到用户账户中。

（4）在_____，商家可以查看服务商经营数据、客服个人工作数据，如销售绩效、满意度评价，可以通过咚咚查询查看客服促成的单品和订单详情等。

（5）_____包括促成订单查询、单品促销查询、客户咨询查询和聊天记录查询。

2．简答题

（1）怎样设置电话/短信功能？

（2）怎样使用议价插件？

（3）怎样设置自动回复短语？

（4）怎样通过咚咚查询促成订单、单品促销、客户咨询和聊天记录？

（5）怎样进行咚咚自定义配置？

第 9 章

拼多多客服实操

网上开店竞争越来越激烈，同类商品越来越多，想要在众多的商品中脱颖而出实属不易。客服是很重要的一个环节，在拼多多开店如果能做好客户服务，那么对于提升店铺转化率和提高成交量都是很关键的。那么在拼多多上开店，怎样才能做好客服呢？

知识导图：

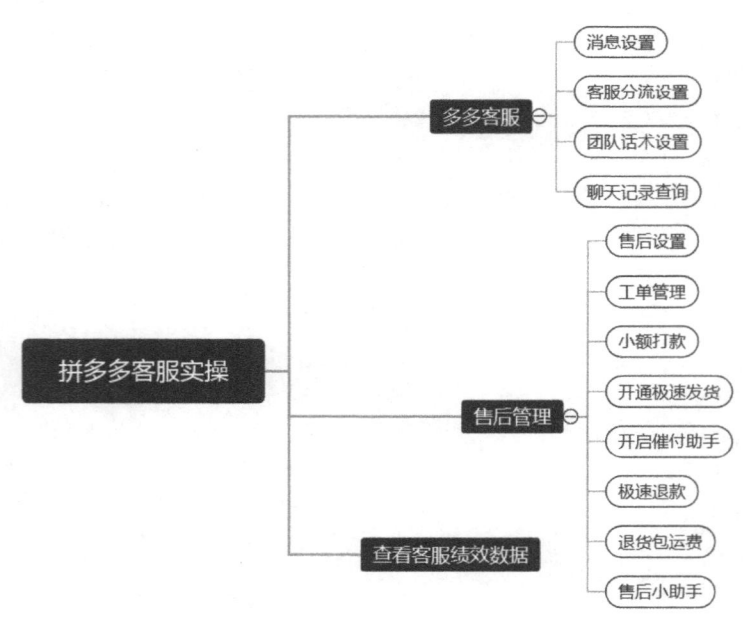

```
                            ┌── 消息设置
                            ├── 客服分流设置
                ┌── 多多客服 ┤
                │           ├── 团队话术设置
                │           └── 聊天记录查询
                │
                │           ┌── 售后设置
                │           ├── 工单管理
                │           ├── 小额打款
拼多多客服实操 ──┤           ├── 开通极速发货
                ├── 售后管理 ┤
                │           ├── 开启催付助手
                │           ├── 极速退款
                │           ├── 退货包运费
                │           └── 售后小助手
                │
                └── 查看客服绩效数据
```

第 9 章 拼多多客服实操

学习目标：

- 熟悉多多客服。
- 掌握售后管理。
- 掌握查看客服绩效数据。

9.1 多多客服

多多客服可以为拼多多商家提供高效的管理服务，令商家可以随时随地地管理店铺，其功能全面，是拼多多客服的最佳助手。

9.1.1 消息设置

进入拼多多商家后台，在"多多客服"下选择"消息设置"，消息设置包括"开场白和常见问题""商品卡片自动回复""离线自动回复""订单自动回复"，商家可以在此设置回复客户的具体内容。

（1）首先设置"开场白和常见问题"，客户当天首次进入聊天界面时，机器人会自动发送开场白+常见问题列表，开场白可帮助商家完成迎宾和导购的工作，常见问题可以帮助商家快速解答客户疑惑，当客户点击商家设置的问题时，在聊天界面中会自动弹出商家设置的对应回复。单击"添加自定义问题"按钮，如图 9-1 所示。

（2）单击"添加自定义问题"按钮，弹出"新建问题"对话框，在这里可以新建问题和回复，如图 9-2 所示。

（3）新建问题成功，此时还可以对所有已添加的问题进行修改，如图 9-3 所示。

（4）单击"修改"链接，弹出"编辑问题"对话框，此时可以修改问题和回复，如图 9-4 所示。

（5）接着设置商品卡片自动回复，选择"自动回复文案"，如图 9-5 所示。商品卡片自动回复可帮助客户快速了解该商品的相关信息，当客户向商家发送已设置过自动回复的商品链接时，在聊天界面中自动弹出相应的回复。

图 9-1 消息设置

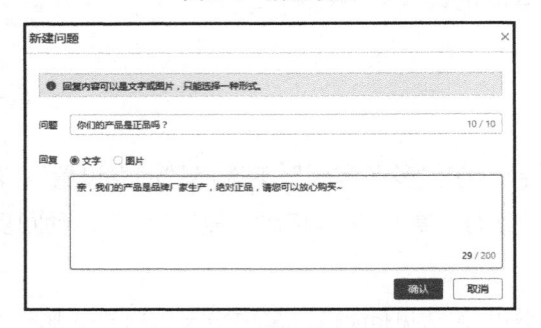

图 9-2 新建问题和回复

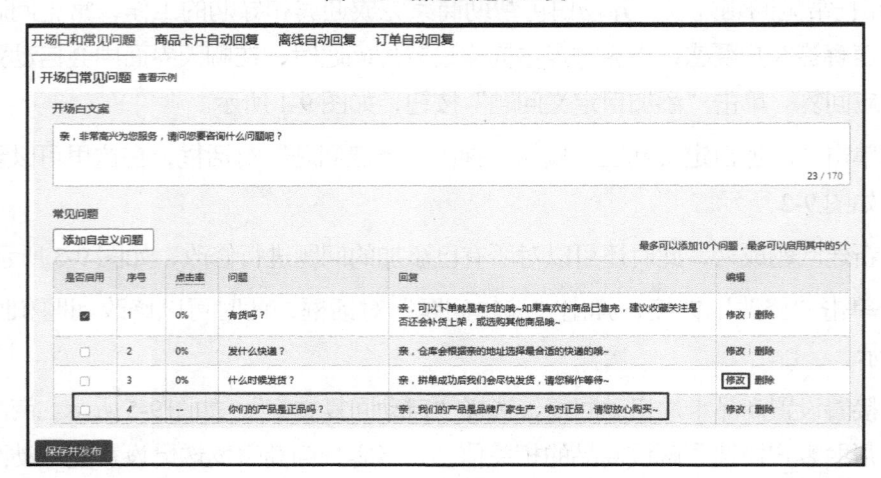

图 9-3 新建问题成功

第 9 章
拼多多客服实操

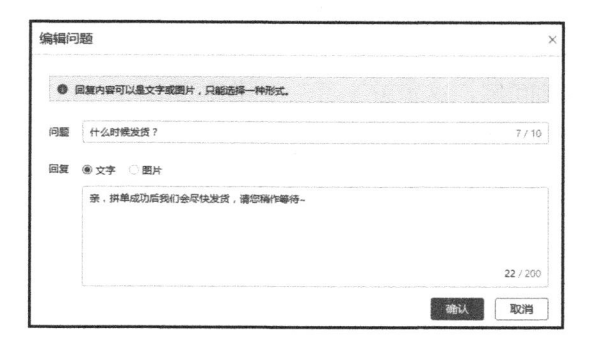

图 9-4　修改问题和回复

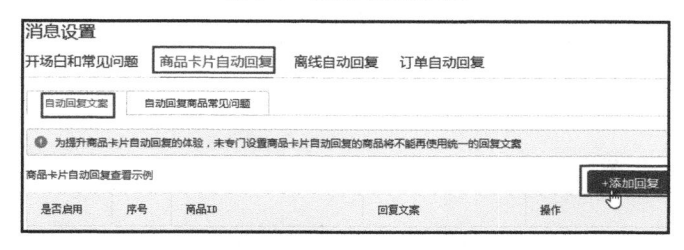

图 9-5　选择"自动回复方案"

提示与技巧

为提升商品卡片自动回复的体验，未专门设置商品卡片自动回复的商品将不能使用统一的回复文案。

（6）单击"添加回复"按钮，进入"添加商品卡片自动回复"页面，在该页面中填写回复文案，如图 9-6 所示。

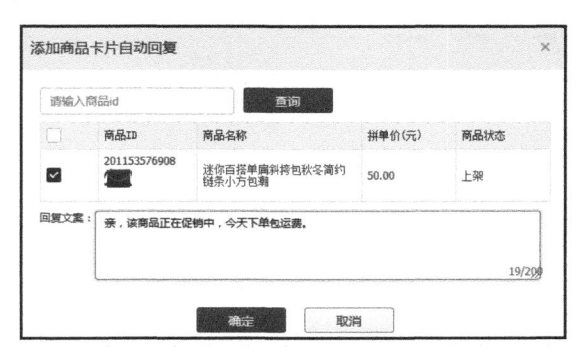

图 9-6　填写回复文案

173

(7)填写完成后单击"确定"按钮,设置完成的回复文案如图 9-7 所示。还可以设置离线自动回复和订单自动回复,这里就不再一一讲述了。

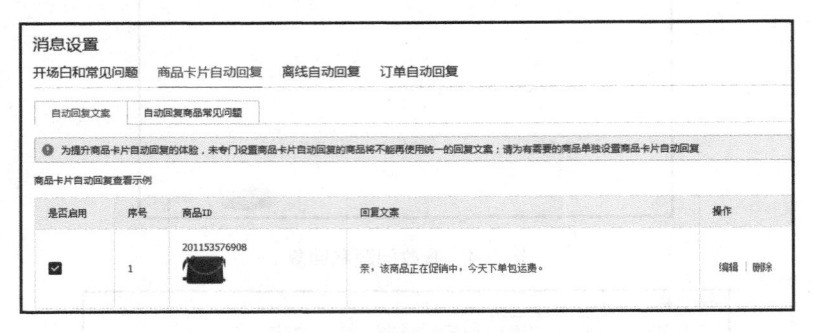

图 9-7　设置完成

9.1.2　客服分流设置

有时候进店人数过多,会出现客服忙不过来的情况,这时就需要商家设置客服分流了。下面讲述客服分流设置,具体操作步骤如下。

(1)进入拼多多商家后台,在"多多客服"下选择"客服工具"选项,单击"分流设置"选项卡,首先进入"基础分流"页面,如图 9-8 所示。在该页面的顶部可以看到有非常详细的客服分流规则。

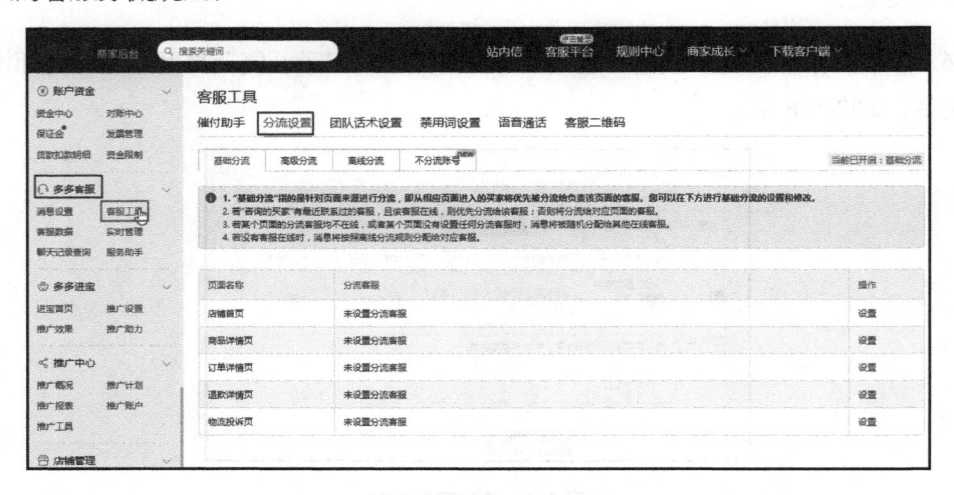

图 9-8　"基础分流"页面

提示与技巧

商家可以根据自己的情况将指定页面的买家咨询分配给指定的客服。

（2）几个页面的初始默认都是未设置分流客服，单击"设置"链接，可以选择分流客服，也可以用选择客服角色和输入客服账号名的方法来搜索客服，如图 9-9 所示。最后单击"确认"按钮，完成一个页面分流设置。

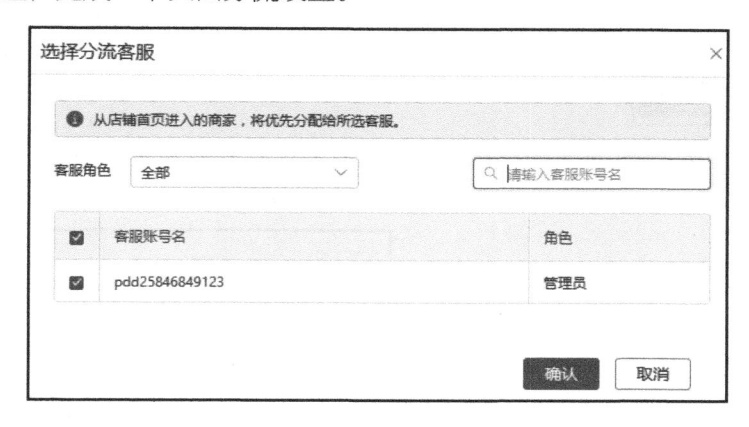

图 9-9　选择分流客服

提示与技巧

- "基础分流"指的是针对页面来源进行分流，即从相应页面进入的买家将优先被分流给负责该页面的客服，您可以在下方进行基础分流的设置和修改。
- 若"咨询的买家"有最近联系过的客服，且该客服在线，则优先分流给该客服；否则将分流给对应页面的客服。
- 若某个页面的分流客服均不在线，或者某个页面没有设置任何分流客服时，消息将被随机分配给其他在线客服。
- 若没有客服在线时，消息将按照离线分流规则分配给对应客服。

（3）进入"高级分流"页面，单击"添加分组"按钮，如图 9-10 所示。

（4）进入"新建分组"页面，输入分组名称，如图 9-11 所示。

（5）分组设置成功，如图 9-12 所示。

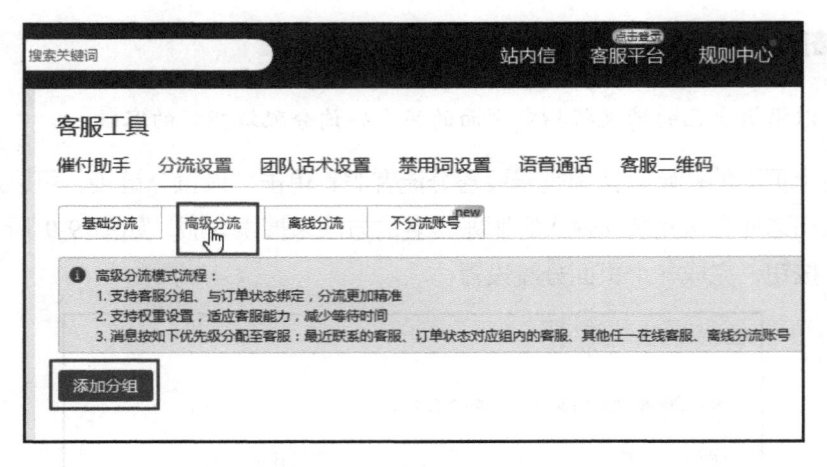

图 9-10 "高级分流"页面

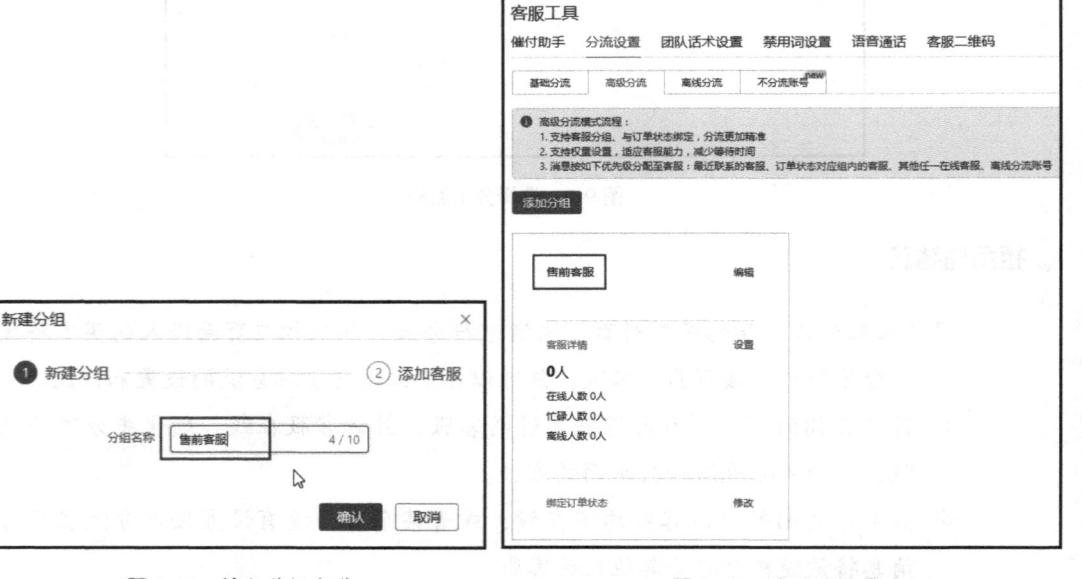

图 9-11 输入分组名称

图 9-12 分组设置成功

9.1.3 团队话术设置

平台支持商家统一设置团队话术并同步至全店客服使用，可有效提升服务话术的专业性和规范性，提高客服的服务效率和询单转化率。团队话术设置具体操作如下。

第 9 章
拼多多客服实操

（1）登录拼多多商家后台，在"多多客服"下选择"客服工具"选项，单击"团队话术设置"选项卡，单击"新增话术组"按钮，如图 9-13 所示。

图 9-13　单击"新增话术组"按钮

（2）填写话术组名称，如图 9-14 所示。

（3）话术组建好后编辑组内话术内容，单击"新增话术"按钮，弹出"新增话术"对话框，输入话术、快捷编码，如图 9-15 所示。

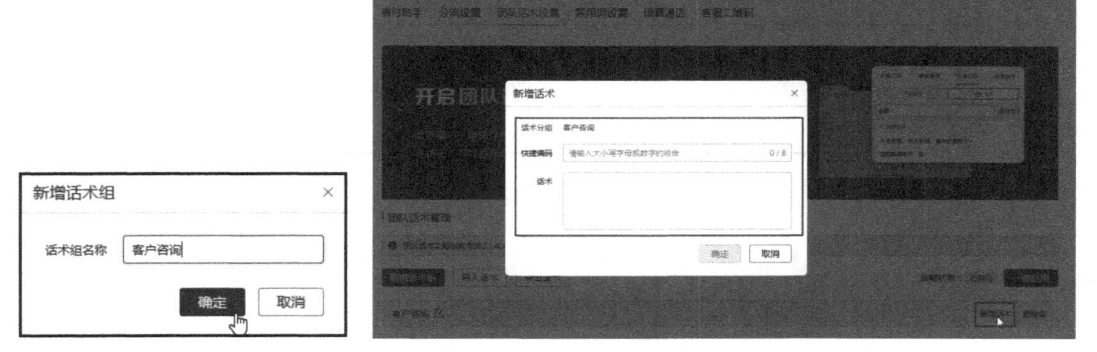

图 9-14　填写话术组名称　　　　图 9-15　编辑组内话术内容

（4）还可以导入话术，通过 csv 格式的文件批量导入已维护好的话术。单击"导入话术"按钮，如图 9-16 所示，弹出"批量导入话术"对话框，如图 9-17 所示，可将在系统设置的团队话术以 csv 格式的文件导入，以便管理员在 Excel 中进行维护。

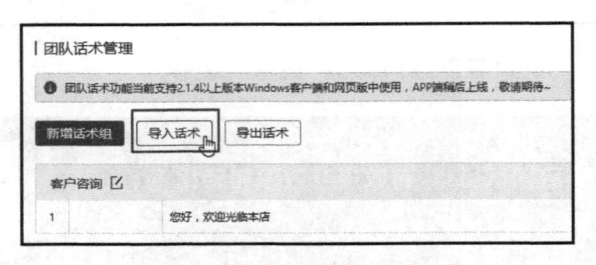

图 9-16 导入话术

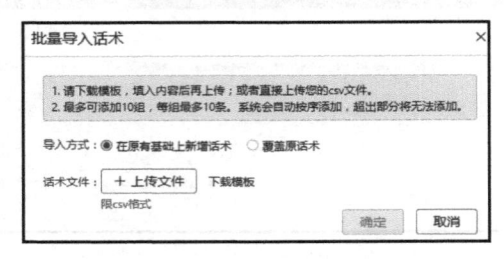

图 9-17 批量导入话术

（5）完成后单击"一键启用"按钮，如图 9-18 所示，将话术同步至客服，客服可在工作台中查看并使用配置的话术。

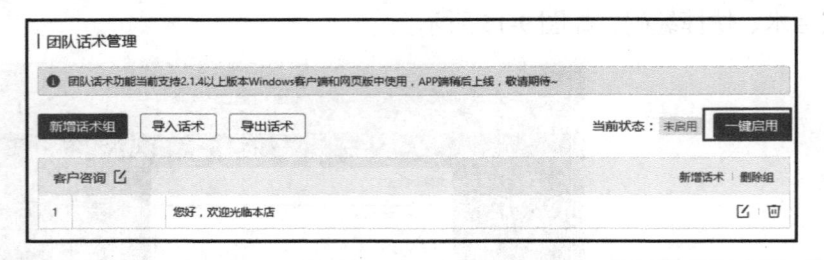

图 9-18 一键启用

9.1.4 聊天记录查询

现在的客服越来越多，商家若想对客服进行考核，就要查看其聊天记录。可以在"多多客服"下选择"聊天记录查询"，通过客服账号或订单/违规会话编号查询其聊天记录。如图 9-19 所示。

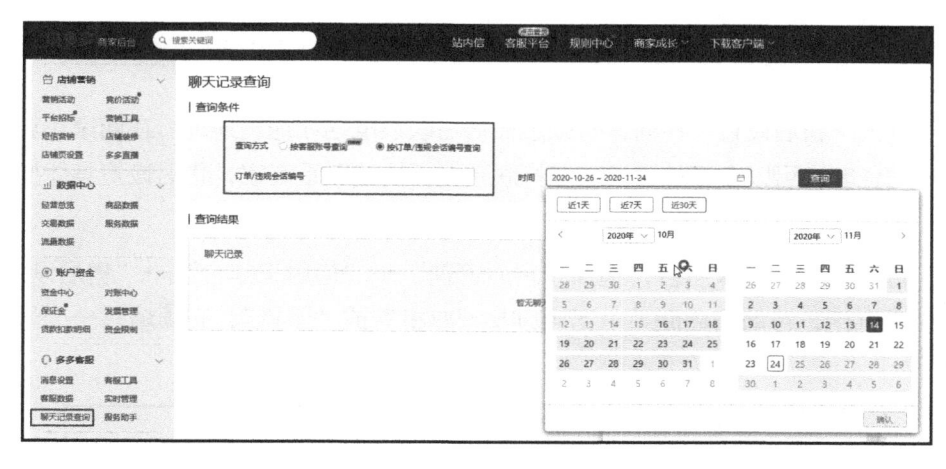

图 9-19　聊天记录查询

9.2　售后管理

打开拼多多商家后台，功能类都在最左边，分类明确，便于查找，包括常见的一些售后管理功能模块，如图 9-20 所示。

图 9-20　售后管理

9.2.1 售后设置

商家进入"售后设置"界面，可以添加售后联系电话和退货地址。在商家添加了售后联系方式后，客户可以在订单详情页拨打联系电话快速联系商家，售后设置具体操作步骤如下。

（1）打开拼多多商家后台，选择"售后管理"→"售后工作台"→"售后设置"，添加售后联系电话，目前售后联系电话可以是"座机"或"手机"，必须填写一个号码，如图 9-21 所示。

图 9-21　添加售后联系电话

（2）添加完成后如图 9-22 所示，单击"修改"按钮，可以对售后电话进行编辑修改。客户下单后可以通过此电话联系商家，方便商家更直接地处理售后问题，接触反馈。

图 9-22　修改售后电话

提示与技巧

目前,商家售后电话仅作为退货联系电话或平台客服联系商家使用,客户无法通过订单详情页查看售后电话。

(3)"退货地址管理"已迁移至"物流工具"→"地址管理",如图9-23所示。退货地址是客户申请退货退款,显示给客户的地址,商家必填项,不然没有售后退货地址。

图 9-23　退货地址管理

(4)单击"新建"按钮,弹出"新增退货地址"页面,填写收件人、选择地区、详细地址、手机号码、手机验证码、电话号码,如图9-24所示。

图 9-24　新增退货地址

提示与技巧

存在多个地址时可以设置一个为默认地址，买家申请退货时，平台会默认提供这个地址。

9.2.2 工单管理

工单管理一般是对于售后中平台介入的订单管理。平台对于订单的核实会通过工单的形式联系商家提供一些必要凭证。

工单是平台售后处理的重要环节，逾期可能导致店铺被判责，引起店铺纠纷，造成退款率上升、受到平台处罚等影响，商家需要及时关注工单信息并配合平台处理售后问题。

待处理工单查看路径为："售后管理"→"工单管理"，如图 9-25 所示。

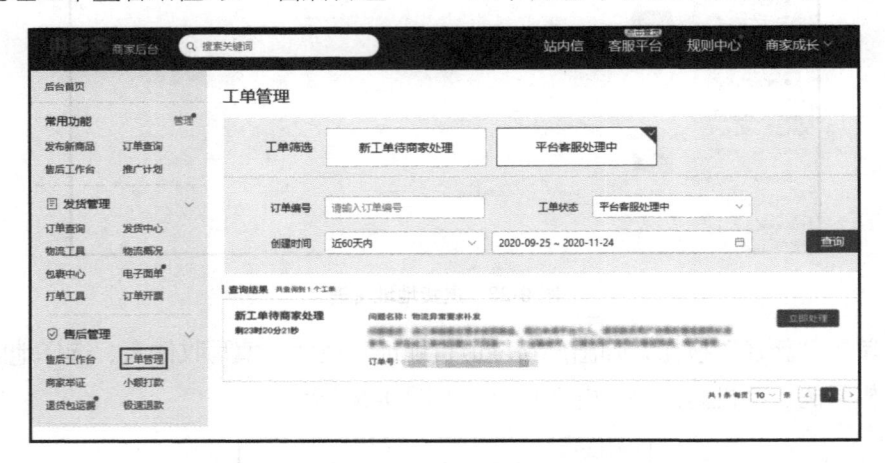

图 9-25 工单管理

9.2.3 小额打款

小额打款主要是方便商家给客户退运费、补差价等一些小金额的转账操作，可以有效减少店铺的售后纠纷，提升店铺服务质量，有效提升店铺销量。

提示与技巧

（1）小额打款不支持撤回操作，若小额打款之后订单发生了退款，则已操作的小额打款也不会返还商家，建议商家与客户协商好后，谨慎打款。

（2）若商家需退还客户货款，则建议走正常的售后流程操作退款，小额打款仅适用于对买家进行小额补偿，不建议使用小额打款进行退款。

（3）若商家小额打款后，客户申请退款，则建议与客户协商修改申请的退款金额或及时驳回退款。

小额打款具体操作步骤如下。

（1）打开拼多多商家后台，选择"售后管理"→"小额打款"→"发起打款"，商家可以查询相应订单号发起打款，如图9-26所示。

图 9-26　发起打款

（2）选择"售后管理"→"小额打款"→"待处理"，在"申请打款列表"中处理小额打款信息，如图9-27所示，该页面仅管理员有操作权限。

提示与技巧

如果小额打款已成功，但客户反馈没有收到，则请客户咨询平台客服，平台会跟进到底！

（3）可以在"售后管理"→"小额打款"→"打款记录"中查看小额打款记录，可以查询店铺内所有订单的申请打款记录，可通过订单号、商品 ID、申请人、扣款时间筛选

▶电商多平台客服实战
淘宝、京东、拼多多

查询,如图 9-28 所示。但是该权限只开放给管理员和客服管理员帐号。

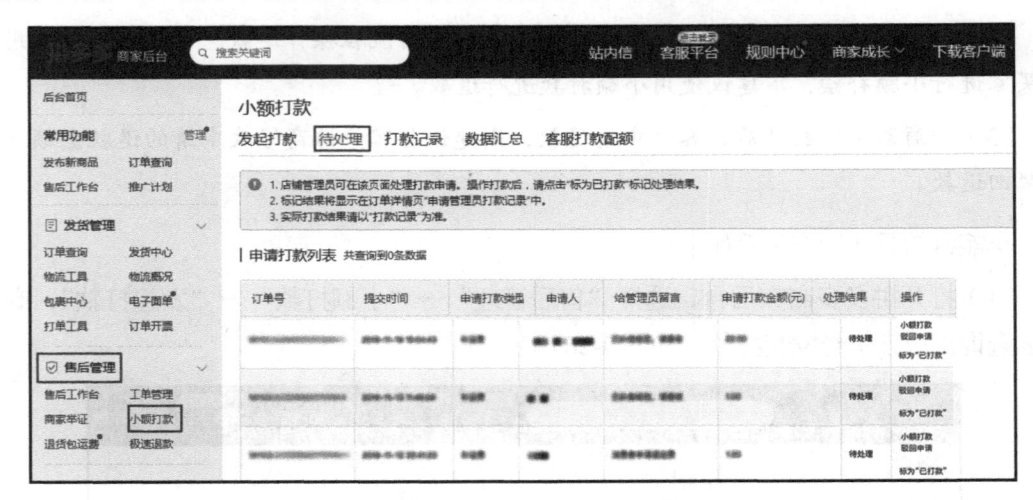

图 9-27 待处理小额打款

图 9-28 查看小额打款记录

(4)可以在"售后管理"→"小额打款"→"客服打款配额"中为店铺的账号配置每笔/每日打款上限,如图 9-29 所示。提供客服打款配额的能力,使得商家能够灵活对店铺不同角色进行资金赋能,使得客服在售前/售后场景下具备一定的资金处理能力,以便更好地引导转化和降低纠纷。

图 9-29　客服打款配额

💡 **提示与技巧**

如果打款被系统认定可使用货款打款且在账号允许的打款额度内，则可以直接使用货款打款，无需扫码或向管理员申请。

9.2.4　开通极速发货

客户完成付款后，商家需要尽快发货。经大量数据验证，绝大多数商家可以做到在 72 小时内发货，一方面是为了提升服务质量，另一方面满足客户的急切购物心情，营造良好的购物环境。

发货管理模块主要用来处理日常发货和退货等业务，如图 9-30 所示。在"发货中心"页面中，商家可以进行批量导入、单条导入、在线下单、打单发货、无物流批量导入、无物流单条导入等操作。

💡 **提示与技巧**

开通极速发货服务后，商品承诺发货时间将设为 24 小时，在商品搜索页和详情页会展示极速发货标签，可以大大提升订单转化率，提升商品流量，同时可以提升物流满意度。需要注意的是，若成团后 24 小时内未发货，则商家需赔付客户至少 3 元的平台优惠券。

▶电商多平台客服实战
淘宝、京东、拼多多

图 9-30 "发货中心"页面

（1）打开拼多多商家后台，选择"发货管理"→"发货中心"→"极速发货"，单击"手动开通"按钮，如图 9-31 所示。

图 9-31 单击"手动开通"按钮

（2）进入"手动开通极速发货"页面，单击"前往开通"按钮，如图 9-32 所示。

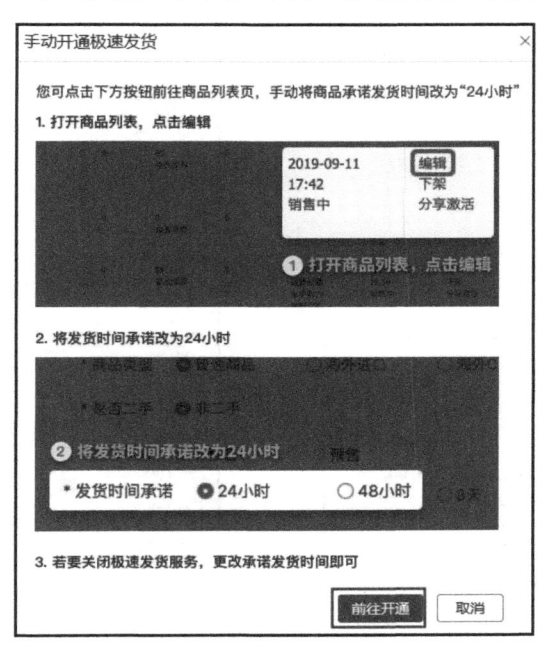

图 9-32　单击"前往开通"按钮

（3）在商品列表页面中，客服需要进行两步操作，完成极速发货的配置。第一步，选择想要配置极速发货的商品，单击"编辑"链接，如图 9-33 所示。

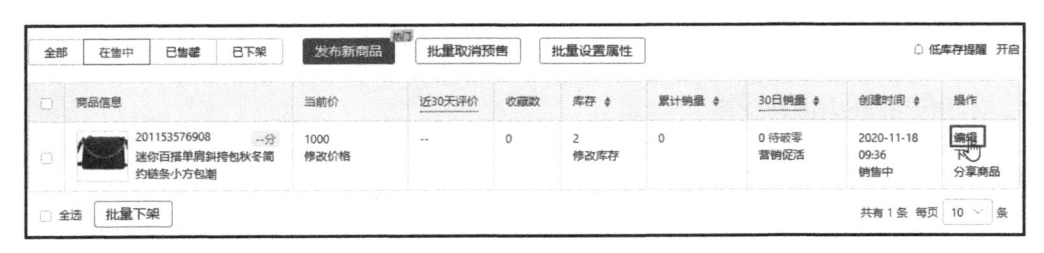

图 9-33　单击"编辑"链接

（4）第二步，将商品的承诺发货时间改为 24 小时，如图 9-34 所示。

（5）还可以通过拼多多商家版 App，在"服务"下选择"极速发货"，进入极速发货配置页面，如图 9-35 所示。

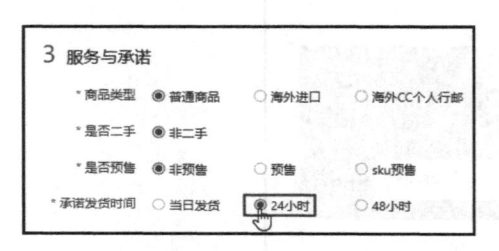

图 9-34 承诺发货时间改为 24 小时　　　　图 9-35 选择"极速发货"

9.2.5 开启催付助手

客户下单后迟迟不付款，怎么办？商家可以使用"催付助手"功能，通过降价或缩短承诺发货时间，来引导买家立即支付。

催付是网店交易中非常重要的一个环节，如果商家未能及时催付，则很容易导致订单流失，不利于提升店铺转化率。

提示与技巧

客服仅需单击一次，就可轻松批量催付，高效挽回流失，催付需要多、快、准，越快催付，转化率越高。

设置并开启催付助手的具体操作步骤如下。

（1）打开拼多多商家后台，选择"店铺营销"→"营销工具"，选择"催付助手"，如图 9-36 所示。

第 9 章
拼多多客服实操

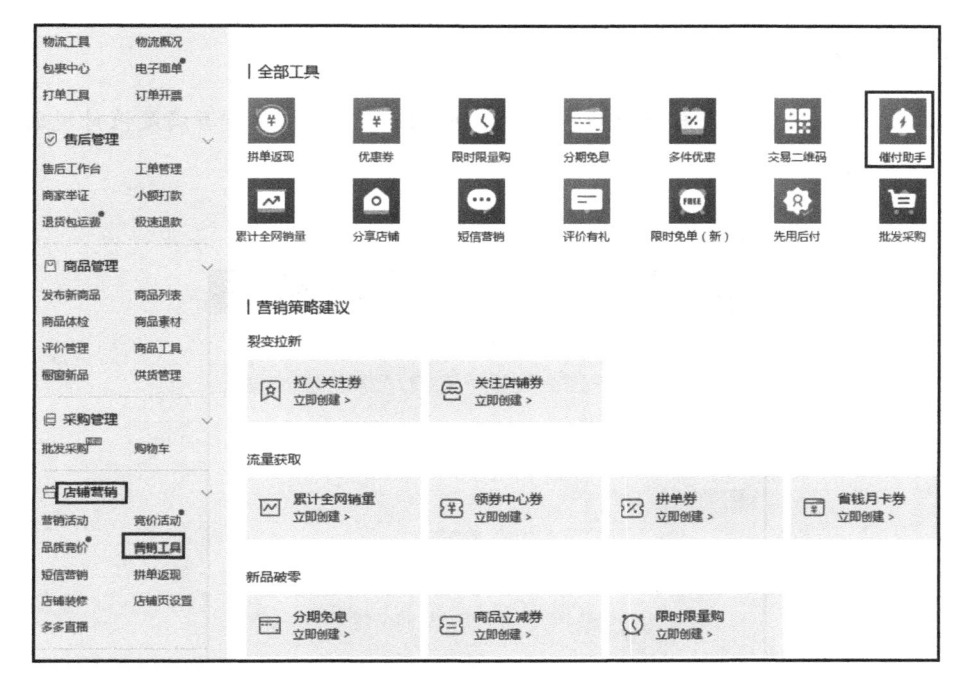

图 9-36 选择"催付助手"

（2）进入"营销工具/催付助手"页面，在"短信催付"下单击"去开启"按钮，如图 9-37 所示。

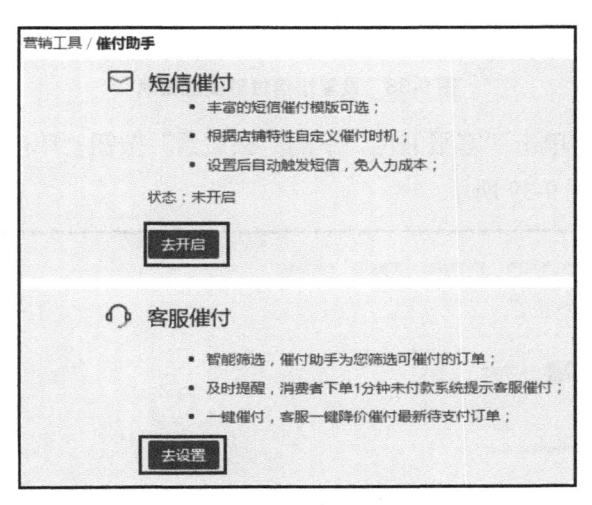

图 9-37 单击"去开启"按钮

189

> 提示与技巧

商家可以预先设置并开启催付助手,由系统判断待支付订单是否满足催付规则,若满足规则则提示客服,客服可以一键批量催付。

(3)设置短信付款提醒信息,如图9-38所示。

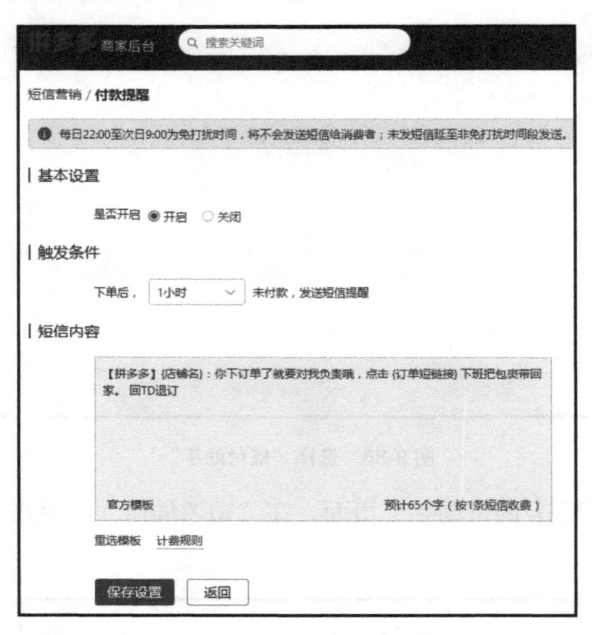

图 9-38 设置短信付款提醒信息

(4)在图9-37中单击"客服催付"下的"去设置"按钮,单击商品后的"编辑"链接,并启用规则,如图9-39所示。

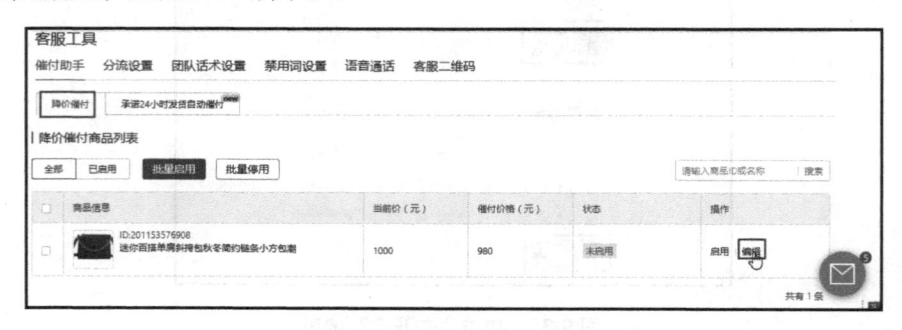

图 9-39 单击"编辑"链接

（5）编辑商品降价优惠信息，平台会填充一个推荐的折扣值，商家可自行设置降价折扣，如图9-40所示。平台会根据商家设置的折扣计算出最终的催付价格。最终客户需支付的价格以催付页面显示的催付价格为准。

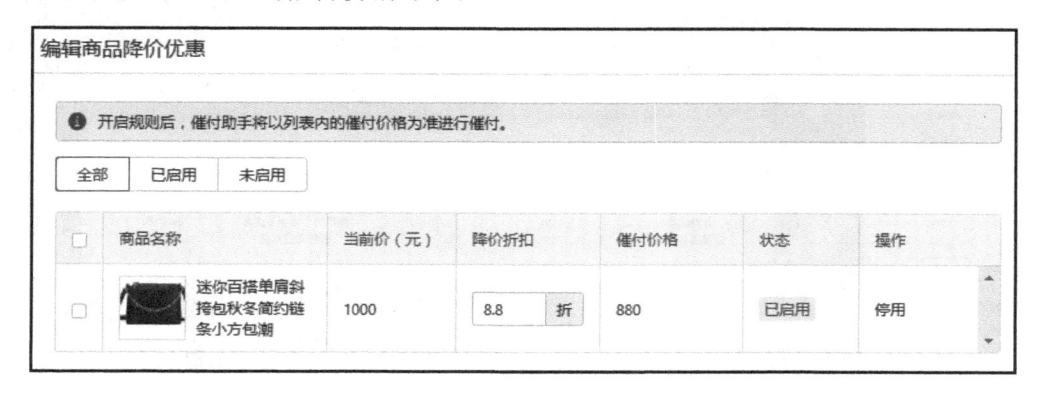

图 9-40　编辑商品降价优惠信息

9.2.6　极速退款

极速退款是平台为提升客户体验而推出的售后服务，主要针对非虚拟类目、订单金额小于300元的商品。若客户在订单确认6小时内申请退款且商家还未发货，则执行极速退款操作。

提示与技巧

如果商品质量有问题，则建议先提高商品的质量，减少客户退货退款。

如果商品没有质量问题。客户极速退款成功，则商家可以走拼多多极速退款申诉，提供相应的凭证，如清晰退货内容物与签收底单的合照、物流红章等；客户还没有退款成功，则商家可以驳回客户的退款申请，在售后页面提供相应凭证。

开通极速退款具体操作步骤如下。

（1）打开拼多多商家后台，选择"售后管理"→"极速退款"弹出"极速退款"页面，单击"立即升级"按钮，如图9-41所示。

（2）进入"确认开通升级版"极速退款"服务"页面，勾选"我已阅读并同意上述协议"复选框,单击"确认开通"按钮,如图 9-42 所示。

图 9-41 "极速退款"页面

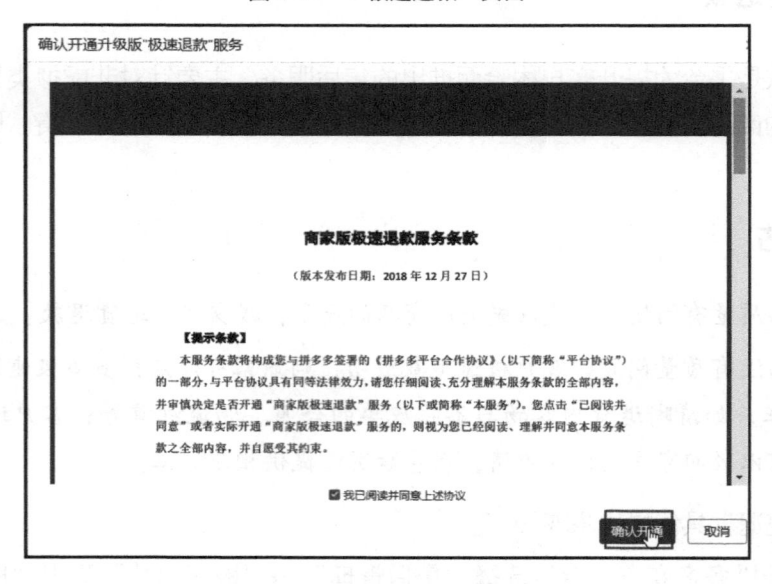

图 9-42 单击"确认开通"按钮

（3）开通后可以在"极速退款服务记录"中查询并查看订单极速退款服务情况,如图 9-43 所示。

图 9-43　查询并查看订单极速退款服务情况

极速退款支持以下场景申诉。

（1）客户在订单确认后 2 小时（含）内发起仅退款申请且商家尚未发货的。若订单退款成功时商家已线下发货且后续客户签收商品，则商家可申请极速退款申诉。

（2）客户发起退货退款申请，商家/平台同意退货且客户完成退货操作的。若商家发现用户所填单号为虚假单号或包裹缺件少件、有质量问题等，则商家可申请极速退款申诉。逾期未申诉，平台将关闭申诉入口。

9.2.7　退货包运费

运费也是拼多多售后处理中常见的问题，由运费产生的纠纷非常多，拼多多推出的退货包运费服务，就是为了减少关于运费的纠纷，开通该服务后还可以增加店铺搜索权重。

开通退货包运费服务的店铺，可以享有"退货包运费"商品标签，同时显示在商品详情页、下单页、订单详情页和售后单各个页面中，可以有效增加商品的转化率，提升用户黏性，如图 9-44 所示。

开通退货包运费服务的具体操作步骤如下。

（1）打开拼多多商家后台，选择"售后管理"→"退货包运费"，弹出"退货包运费"页面，单击"立即开通"按钮，如图9-45所示。

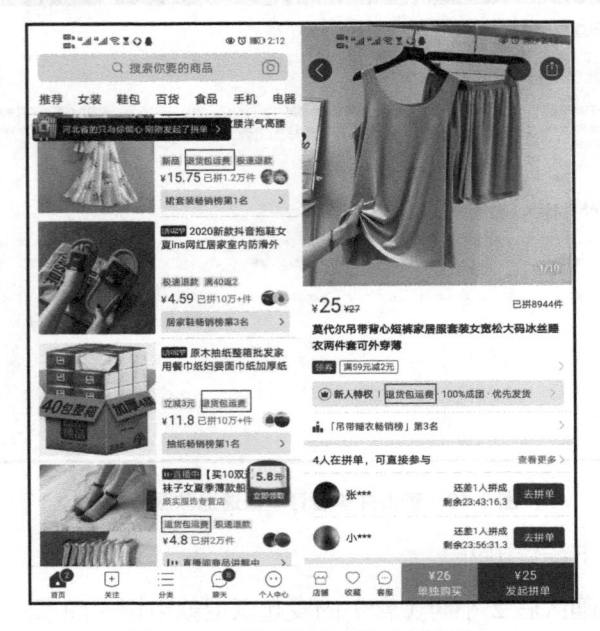

图9-44 "退货包运费"商品标签

图9-45 "退货包运费"页面

💡 提示与技巧

商家需要付费才能开通退货包运费服务，平台会综合店铺近期的整体经营情况计算费用。

（2）也可以通过手机登录拼多多商家版 App，在"应用中心"的"服务"中选择"退货包运费"，进行开通，如图 9-46 所示。

图 9-46　选择"退货包运费"

9.2.8　售后小助手

售后小助手是一款为商家提供的批量处理或配置自动处理售后的工具。售后小助手的具体操作步骤如下。

（1）打开拼多多商家后台，选择"售后管理"→"售后工作台"→"售后小助手"，单击"立即使用"按钮，如图 9-47 所示。

（2）进入"添加策略"页面，有一些默认设置，可针对店铺情况进行个性化设置，填写具体信息后单击"确认创建并启用"按钮，如图 9-48 所示，创建并启用一条策略。商家通过创建策略来执行自动化指令，一条策略是由多个限制条件组成的，它整合了一个业务场景的规则。

▶电商多平台客服实战
淘宝、京东、拼多多

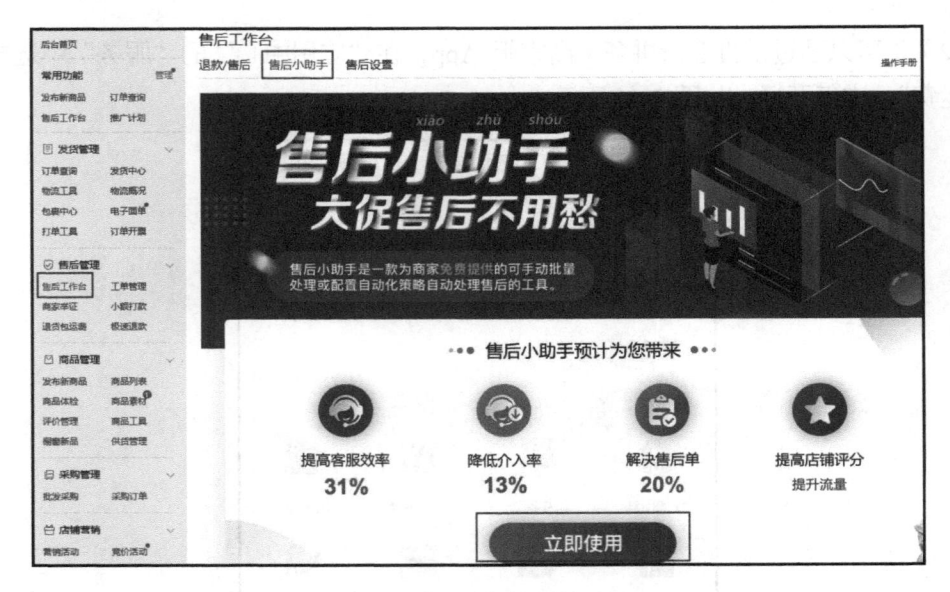

图 9-47 单击"立即使用"按钮

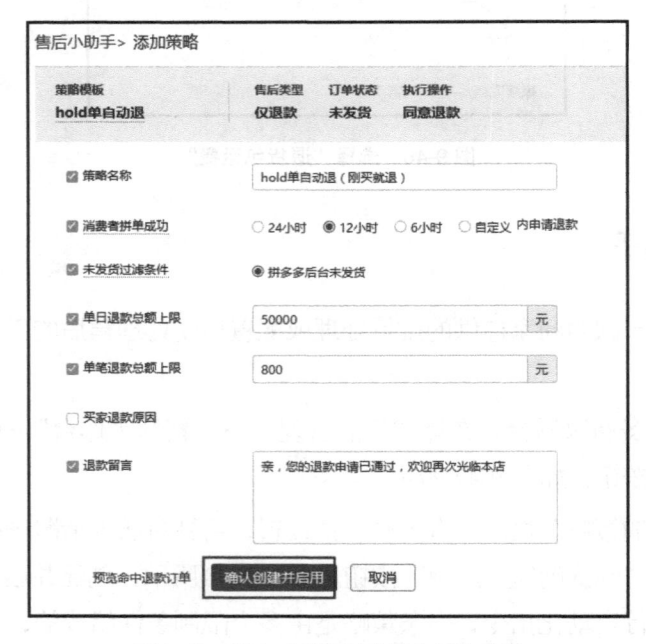

图 9-48 单击"确认创建并启用"按钮

（3）创建策略后，可以通过策略列表的"验证"功能查看某一条订单是否符合策略，如图 9-49 所示。若需停用策略，则可在策略的操作列表中，选择"禁用"操作，则该策略将被禁用，不再执行，但策略会保留在列表中。商家可随时重新"查看""编辑""启用"。

图 9-49 创建策略后

9.3 查看客服绩效数据

如今各行各业都离不开数据分析，作为商家更是离不开客服数据分析，从而进一步提高工作效率。客服数据一般包括客服销售额、30秒应答率、平均人工响应时长、询单转化率等，这些都是基本的数据指标。

通过如下方式查看客服绩效数据。打开拼多多商家后台，选择"多多客服"→"客服数据"→"客服绩效数据"，查看客服各项服务数据及店铺总计，如图 9-50 所示。

▶ 电商多平台客服实战
淘宝、京东、拼多多

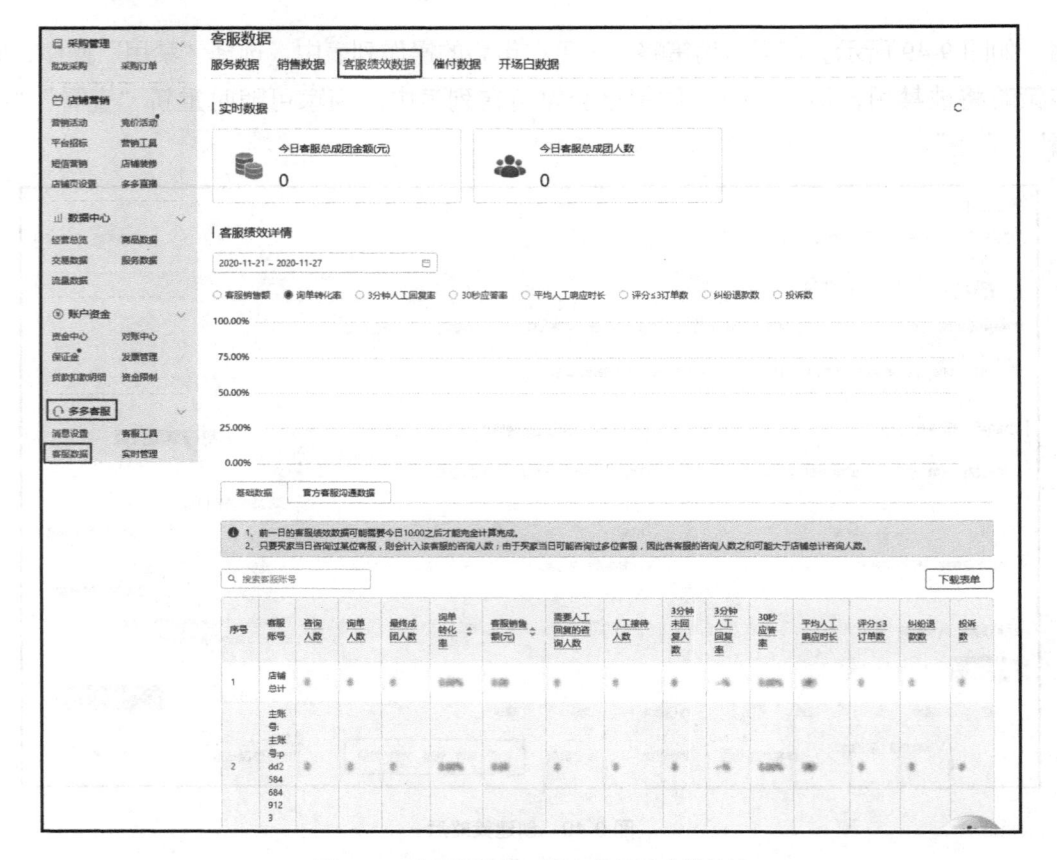

图 9-50　查看客服各项服务数据及店铺总计

常见的客服数据指标如下。

（1）客服销售额

一个销售周期内客服的销售金额。如果想提高销售额，则客服需要销售出更多商品。

（2）30 秒应答率

30 秒应答率是客服在 30 秒内人工回复的消息数/客户消息总数。考核时间：08:00:00—23:00:00。

（3）3 分钟人工回复率

3 分钟人工回复率是"（咨询人数-3 分钟未人工回复累计）/咨询人数"，考核时间：08:00:00—23:00:00。

（4）平均人工响应时长

平均人工响应时长是客户每次发消息到客服人工回复，客户所等待的平均时长。考核时间：08:00:00—23:00:00。

（5）询单转化率

询单转化率是来店铺咨询最终下单且成团的人数占来店铺咨询人数的百分比，即"询单转化率=最终成团人数/询单人数"。询单转化率是反映客服专业技能水平高低的一个重要指标。

（6）纠纷退款数

纠纷退款数是平台介入退款成功，且判定为商家责任的纠纷退款订单数量。如果店铺的纠纷退款数过多，则说明店铺售后服务质量有待提高。

（7）投诉数

投诉数的多少是衡量客服服务态度最重要的指标。

9.4 习题

1. 填空题

（1）_____支持商家管理员统一设置团队话术并同步至全店客服使用，可有效提升服务话术的专业性和规范性，提高客服的服务效率和询单转化率。

（2）_____一般是对于售后中平台介入的订单管理。平台对于订单的核实会通过工单的形式联系商家提供一些必要凭证。

（3）_____主要是方便商家给客户退运费、补差价等一些小金额的转账操作，可以有效减少店铺的售后纠纷，提升店铺服务质量，有效提升店铺销量。

（4）拼多多商家可以预先设置并开启_____，由平台判断待支付订单是否支持满足催付规则，若满足规则则提示客服，客服可以一键批量催付。

（5）_____是平台为提升用户体验而推出的售后服务，主要针对非虚拟类目、订单金额小于 300 元的商品，若客户在订单确认 6 小时内申请退款且商家还未发货，则执行极速退款操作。

2．简答题

（1）简述消息设置的基本流程。

（2）如何进行客服分流设置。

（3）如何进行售后设置。

（4）怎样进行小额打款设置。

（5）如何开启催付助手。